肌が乾くクセを全部やめてみた。

潤いに必要なのは、足し算よりも引き算でした。

ゆらぎ肌で、美肌への道はマイナスからのスタートだった私。なにごとに対しても〝知りたい欲〟で満ちている性格も手伝って、なにかいい方法があるはず、と色々なものを試し、ようやく納得できる肌にたどり着きました。

肌がゆらぐと何度も洗顔したり、化粧水をしょっちゅう変えてみたり、ケアを〝足し〟たくなってしまう。でも分かったことは、不調な時こそ肌ケアはシンプルに、〝引い〟ていったほうがいいということでした。

メイクは塗り重ねるのではなく、潤わせる。

より美しさを引き出すためのメイクなのに、重ねれば重ねるほど、本来持っているいい部分まで失われてしまうなんて、もったいないですよね。メイクの時間よりも基礎化粧品を入れ込む時間や過程を重視することで、潤いのある透明肌に。

美しい肌は腸から生まれる。
内側８割、外側２割のケアを。

真に潤った透明感のある肌を目指すには、表面だけをケアしても不十分。大切なのは、カラダの内側から潤いと栄養で満たしてあげること。

中でも私がこだわっているのが、肌と関係の深い腸のケア。カラダの内側に気を遣ってあげることが、肌へのいちばんの思いやりなんです。

努力しているのに、どんどん理想とかけ離れて硬くなっていく私のカラダを変えてくれたのは、〝くびれ母ちゃん〟の愛称で親しまれているトレーナー・村田友美子先生との出会い。まあるく柔らかい女性らしいカラダを作るには、食事制限でも筋トレでもなく、正しい姿勢だと気づかせてくれました。

スタイル維持のために
カラダを鍛えるのはやめた。
ほぐしこそ、最強のデトックス。

Contents

Chapter 3
腸が乾くクセも習慣も、やめてみた。

Chapter 4
「出せるカラダ」に、変えてみた！

Staff

撮影	岡部太郎
静物撮影	長谷川梓
装丁・本文デザイン	木村由香利（986DESIGN）
構成	佐藤彩花
表紙・挿絵イラスト	コナガイ香
図解イラスト	吉岡香織（asterisk-agency）
スタイリスト	安藤真由美（Super Continental）
	コギソマナ（io）
ヘアメイク	中山友恵
村田友美子ヘアメイク	甲斐美穂（ROI）
協力	YumiCoreBody
	川上愛子
校正	深澤晴彦
マネジメント	坂口陽子、横井千紘（A PLUS）
編集	井上真規子
編集統括	吉本光里（ワニブックス）

Chapter 1

肌が乾くクセを、全部やめてみた。

肌ゆらぎ中に色々ぬるの、やめてみた。

1日20回のメイクで肌が悲鳴をあげていた

もともと肌が弱く、乾燥や生活習慣が影響しやすい〝ゆらぎ肌〟。加えて、金属アレルギーで、髪を染めると首の後ろがただれてしまうことも。私は、こうした肌トラブルと常に向き合ってきました。

また、モデルという仕事柄、ビューティ雑誌で1日3企画を撮影することも珍しくなく、メイクチェンジの回数は20回を超える日も。塗って、落として、また塗って……の繰り返しで、もともと荒れやすい私の肌は、より一層トラブルを抱えやすくなり、基礎肌力はどんどん落ちていく一方でした。

口コミで人気の商品や高価な化粧品に頼ってみても、なかなか満足のいく効果は得られず、合わないケアで、顔にぶつぶつと吹き出物ができたり、メイクさんの筆でアレルギーが出てしまったり……。

鏡の前に立つたびに、自分の肌に触れるたびに、どんなケアをすればいいのか悩む日々。健康な肌を基礎から作っていくことの難しさを感じていました。

たどり着いたのは、シンプルなケアでいいという結論

色々な方法を試してきた私ですが、最終的にたどり着いたのは、〝肌がゆらいでいる時こそ、シンプルなケアでいい〟という結論。

強い効果があると言われるパワフルなものを塗り重ねることは、実は弱った肌に負担をかけているかもしれない。そう感じて思い切ってはじめてみたのが、化粧水オンリーのケア。

毎日繰り返すメイクや、仕事で不規則になりがちな生活の中で、どうしても体調が顕著に出てしまう私の肌は、本来の肌力を強化することが必要だったのです。

肌荒れの際に、この方法を実践するようになって10年。今では、さまざまな原因で肌荒れしても、このケアに戻れば肌の健康を取り戻せるので、怖がらずに対処できています。

肌が元気な時には、栄養をたっぷりあげて、肌が疲れている時にはシンプルなケアで潤いだけを補充。今では、自分の肌の声を聞いてあげられるようになりました。

撮影では、ベースはそのままにアイシャドウやリップなどポイントだけを落として、メイクチェンジすることも。肌の弱い私は、撮影中に湿疹のような赤みが出てしまうこともありました。

肌ゆらぎ中に行う化粧水の一本化

私が肌ゆらぎ中に使う化粧水は、大高酵素の「ヘーラールーノ」。植物エキスを発酵させた無添加の化粧水で、皮膚の清潔さと潤いバランスを保つための働きに特化した本当にシンプルなもの。

10年前に出会って使い始めたのですが、個人的には、特にニキビへの効果を感じています。コットンパックにして荒れた部分に貼ると、膨らみのある赤いニキビが沈静化し、腫れが引くのを実感。使い続けることで透明感も出てきたように感じました。

荒れている時こそ、ムダなものを省いて安心できるものだけを使うほうがいい。ヘーラールーノの一本化で、肌の健康を取り戻していった私が学んだことは、「オーガニックだから肌に優しいだろう」「高価なものだから効果があるだろう」という判断基準で、化粧水を選ばないでほしいということ。

自分の肌の状態を知り、きちんと足りないものを見極めてこそ、本当に必要なものが分かってくるはず。

毎日使う化粧水だからこそ、コスパのよさも重要。50種類の植物原料から抽出された植物エキスを2年間発酵&熟成させた化粧水。ヘーラールーノ 120ml ¥2,600/大高酵素

無防備ドライヤー、やめてみた。

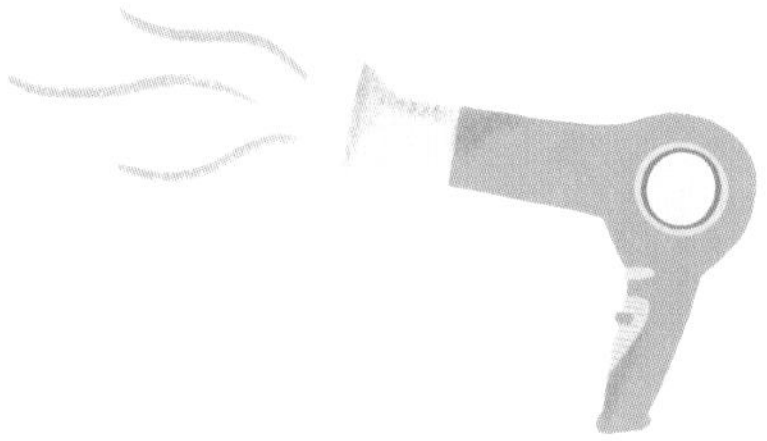

肌が乾く速度は、髪が乾く速度より何倍も早い

入浴後の開いた状態の毛穴に化粧水を浸透させようと、髪を乾かす前に、入念な保湿ケアを行う人がほとんどなはず。だけど、そのあとのドライヤーで、丁寧な保湿が台無しになってしまっているかも。

お風呂上がりの肌は、水分を含んで潤って見えますが、水分の蒸発を防ぐ皮脂のベールが薄くなっていて、とっても乾燥しやすい状態。イメージしてほしいのは、シートパックをしている時の乾いていく速度。冬場は特に乾くスピードが速いですが、それと同じだけ、肌の表面からもどんどん水分は失われているんです。

その無防備な肌に、10～15分もドライヤーの風を当て続けるのは、肌の潤いをわざと逃しているようなもの。

私は、水分の蒸発を防ぐために、たっぷり化粧水に浸したコットンで顔全体を覆い、肌に直接風が当たらないように工夫してから髪を乾かしています。せっかく肌に入れ込んだいい成分をムダにしないためにも、このひと手間は、省きたくないワンステップです。

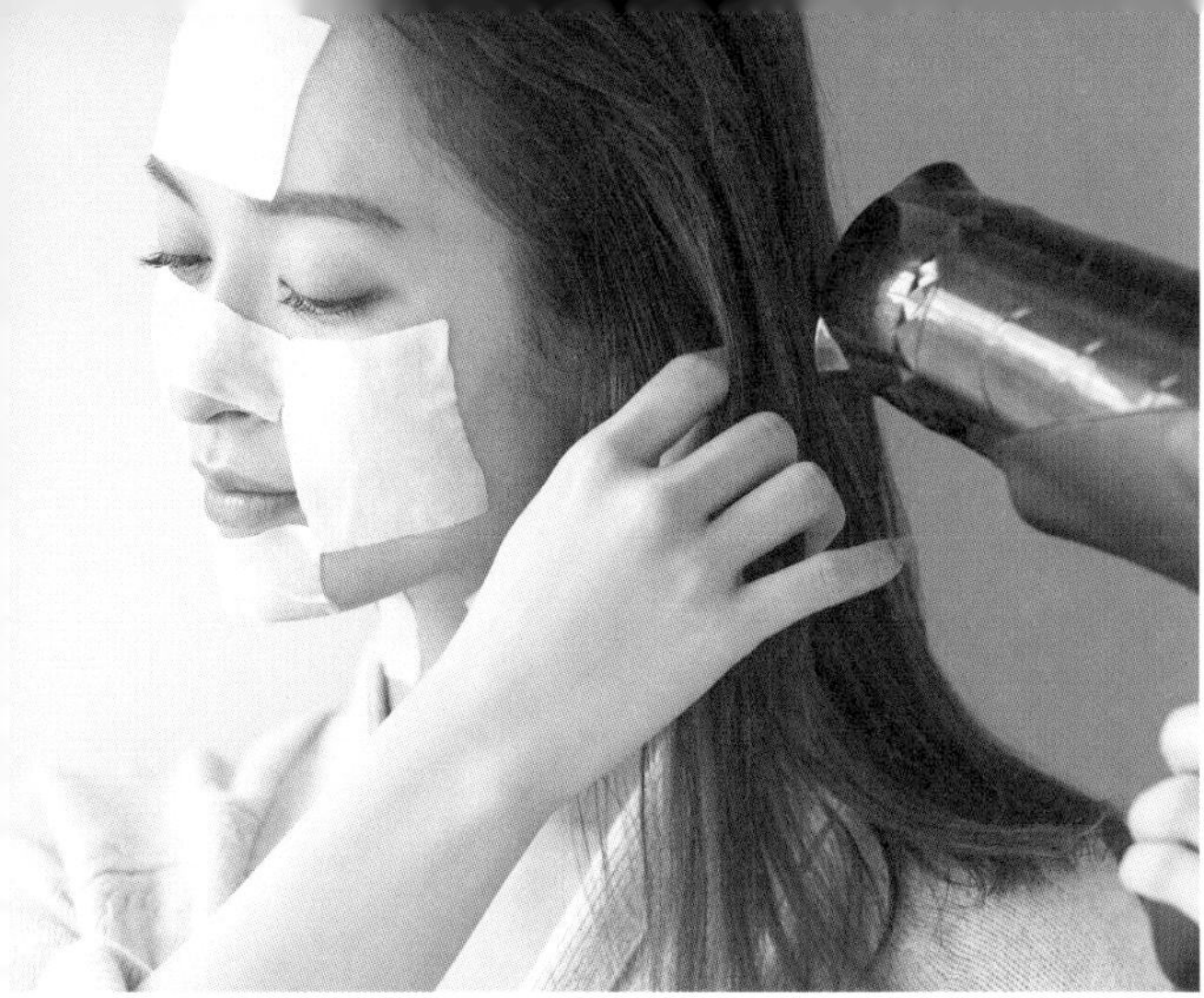

朝の入浴後など、コットンパックをしている余裕がない時には、濃密系美容液やこっくり系クリームでしっかり肌にふたをしてから、髪のケアに移るのがオススメ。

乾燥により失われる肌の透明感と健康

私が肌の〝潤い〟にこだわる理由は、透明感のある美しい肌に必要不可欠な条件だから。

乾燥して表面がこわばった肌は、肌の美しさを左右するキメが乱れた状態で、見た目のツヤも失われています。

さらに、乾燥は肌のバリア機能を低下させ、肌を荒れやすくさせます。私の場合は、皮脂が出やすい部分が混在する混合肌で、ニキビができやすい肌環境。その状態でお化粧をすると、赤みを消すためにファンデーションを必要以上に塗ったり、日中かさついて浮いてしまったり……。

潤いは、肌を美しく見せることに加えて、荒れにくい元気な肌を育むために必要不可欠な条件なのです。

小さい頃から乾燥肌で悩んできたこともあり、色々なものを試す中で、自分に合わない美容用品にもたくさん出会ってきました。合わないものにも触れてきたからこそ、潤わせるスキンケア以上に、〝乾燥させない〟習慣を大切にしています。

大容量シートマスク、やめてみた。

お手軽コットンパックで代用

シートマスクを使う際は、個包装パックを選ぶようにしています。多くの化粧品は、細菌やカビの繁殖を防ぐために、少なからず防腐剤やアルコールを入れているもの。とはいえ大容量のシートマスクは、水分がひたひたな状態なのに、一度開けて外気に触れても、10日以上もシートにカビが生えないということに、少し不安を感じたのです。

肌がゆらいでいる時は、健康な状態に戻すために余分なものを極力取り入れないことにこだわっています。だから、シートマスクには頼らず、化粧水を使って作るコットンパックのケアだけにしています。

肌荒れで皮膚が硬くなり、化粧水が浸透していかないと感じている人には、顔を水で冷やした後に化粧水をコットンに染み込ませ、顔に貼り付け、10分くらい置くという方法を試してほしいのです。私は「ヘーラールーノ」で実践していますが、きっと肌が柔らかくなる感覚を得られるはず。

オイル美容保湿やめて、美容液で保湿してみた。

乾燥しやすい季節に肌の油分を補うため、保湿効果の高いオイルを使用している人は多いし、香りもいいオーガニックオイルは、美容家の方など多くの人に愛されているトレンドの美容法。オススメされたものはすべて試したい私もオイル美容に挑戦してみたのですが、気になったのは、オイルの酸化具合。特にオーガニック系コスメに使用されている植物性のオイルは酸化しやすく、過酸化脂質となってニキビやくすみ・色素沈着の原因になりうると知りました。

肌に合わない要素が少しでもあると、すぐに反応する正直な私の肌は、見た目には分からないオイルの、少しの酸化も受け入れてくれませんでした（もちろん合うオイルもあって、消費期限がきちんと表記してあり、この日までに使ってくださいと食品のように丁寧に扱われているオイルを使用した際には荒れることはありませんでした）。

ですから、薄く塗ってもきちんと肌に浸透する保湿力の高い美容液をみなさんにはオススメしたいと思っています。

トーンアップ効果も♪

ファミュの
ルミエール ヴァイタルC

水のような軽いテクスチャで、肌の奥まで浸透している感覚を実感できる。毛穴の引き締め効果も。
30ml ¥8,000/ファミュ

翌朝の肌の違いを実感！

エスティ ローダーの
アドバンス ナイト リペア
コンプレックス II

夜の間に行われる肌の修復機能をサポート。肌の疲れを感じる日に。
50ml ¥13,500/エスティ ローダー

真の保湿できてる？肌の柔らかさを重視してみた。

乾燥している肌は、つまむと硬く、弾力も失われています。自分で肌を触ってみると分かるはず。では、内側から真に潤っている肌とは？

よく“触りたくなるような肌”という表現を使うように、柔らかくて、触ると気持ちのよい肌。そして、肌を指で押した時に、押した部分の周りに光のリングができる状態、手を頬にぴたっと添えた時、ぺったん！と吸い付いてくる状態こそがまさに潤った肌です。

肌を触ってみて柔らかさが足りないという人は、古い角質を溜め込んでしまっている可能性があります。角質が溜まった状態だと、どんなに美容成分を入れ込もうとしても壁となって入っていかず、乾燥肌が改善されない状態が続いて悪循環を繰り返します。

とはいえ、角質を取るためにスクラブなどでお肌をゴシゴシと削るようなことは、必要な皮脂までも奪い去って潤いを逃がす原因になるため避けるべき。毎日の入浴や運動での発汗など内側から潤う習慣を積み重ねることで、自然と必要な皮脂だけをキープでき、健康で柔らかな肌を手に入れることにつながると思っています。

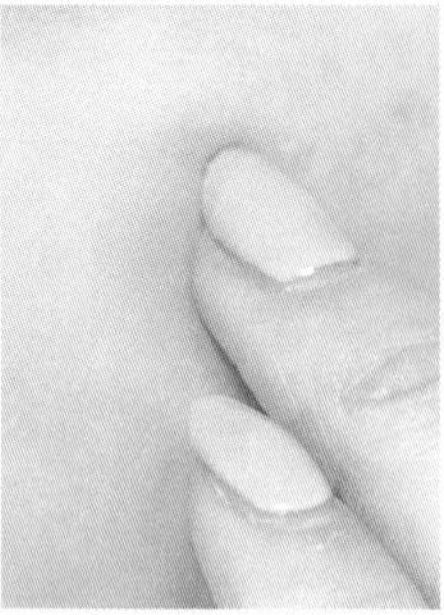

柔らかい触り心地は、潤いと適度な脂質が保たれている証。ニキビが悪化した時も肌は硬くなってしまうので、内側から潤わせてあげることが重要。

弱酸性バリア有り

弱酸性のバリアがきちんと整っている肌は、防御機能が働き、紫外線などの外部からの刺激やウイルス・細菌の侵入を防いでいる状態。

弱酸性バリア無し

バリア機能が正常に働いていないと、紫外線やウイルス・細菌などの侵入をガードできないだけでなく、肌の内側の水分の流出も防げなくなる。

大切なのは肌の弱酸性バリア！

柔らかい肌＝水分を保持する力のある肌。それに欠かせないのが、弱酸性バリアと呼ばれる肌のベールです。

肌の善玉菌・表皮ブドウ球菌が作り出す弱酸性バリアは、紫外線やウイルスなど、外部からの刺激を防ぐ効果が。その上、肌にふたをしている状態なので、内部にある水分の蒸発を防ぐのです。

肌の柔らかさは、皮脂と潤いがバランスよく存在し、バリア機能が正常に働いている証。肌バリアについてはP.26から詳しくお話しします。

肌をキュッキュさせるの、
やめてみた。

皮脂は必要な分だけ落とすことが大切

私は昔、クレンジングでおでこのあたりがキュッキュとなるまで洗い流していました。このキュッキュとした感触を、汚れが落ちたサインだと思い込んでしまっていたんです。でも、これは「皮脂のベールが少なくなってしまったよ」という証（実は洗顔後に肌がキュッキュするのは、洗顔料の中の成分と水道水に含まれるカルシウムが結び付いているからだという話を聞きました）。

さっぱりした洗い心地を求めてしまう気持ちはとってもよく分かるのですが、必要な皮脂まで洗い流してしまうと、肌が皮脂量を取り戻そうとして余計に多くの皮脂を分泌し、結果的にオイリー肌になってしまうのです。

洗わなすぎもダメだけれど、洗いすぎもいけない……というのが難しいところですが、洗った後に肌がしっとりとして、ふわふわ柔らかな手触りが目安。スキンケアに投資する前に、正しい皮脂の落とし方を知り、成分が入り込んでいく土台を作ることが大切です。

化粧水を8回肌に入れ込む習慣で驚くほどのモチ肌になった。

化粧水を8回入れ込む、というスキンケア法は、モイスティーヌというサロンで習ったもの。肌がきれいな人がいると、友人はもちろん、買い物中に出会ったショップの店員さんにもどんな肌ケアをしているのか聞いてみるのですが、モイスティーヌは昔から肌に透明感のあった友人に教えてもらい通いはじめました。

全国にサロンがあるのですが、アドバイザーの方と1対1で、肌質に合った洗顔＆ケア法を2時間ほど（初回）かけて学ぶというもの。人によってオススメのケア法は異なるのですが、私はまず化粧水をしっかり入れ込むということを学んで、乾燥知らずのもっちり肌に近づくことができました。

きちんと化粧水を入れ込むことによって、美容液の浸透もよくなり、肌の質感も柔らかに。肌の内部まで潤っている感覚を実感しています。

モイスティーヌで
正しいスキンケアステップ！

私の基本ステップは4アイテム。右からバランシングローション 120ml ¥7,500、リバイタルセラム 40ml ¥12,000、ヴィルティオ 30g ¥5,000、フォーミングセラム 60ml ¥10,000/すべてモイスティーヌ

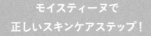

Moeka's Skincare Step

私が普段行っている肌ケアの中で、なにより時間をかけるのがスキンケア。
粒子の細かいテクスチャをしっかりと入れ込んで、
奥から潤う真の美肌を目指します。

Step 1

化粧水を8回に分けてプッシング

少量の化粧水を手にとり、肌に吸い付かせるようにぴったりと手を肌に当てて、8回に分けてゆっくりプッシングしていきます。パンパンと叩き込むような入れ方はNG。

Step 2

その日の肌の調子に合わせて美容液を入れ込む

日中、太陽にたくさん当たった日、疲れている日など、肌の調子に合わせて選んだ美容液をたっぷりと顔全体に入れ込みます。ここまでで肌はだいぶしっとり。夏場はこのステップで終わらせることも。

Step 3

少量の乳液を
優しくなじませる

乾燥が気になる冬は、美容液のあとに乳液を3プッシュ。気になる部分を中心に保湿していきます。

Step 4

クリームで
肌にふたをする

保湿力の高いクリームを顔全体に薄くのばします。クリームをべったりと塗り、毛穴が埋まってしまうような状態はあまり好ましくないので、薄いベールでふたをするイメージで。

常在菌ファーストのスキンケアにしてみた。

毎年参加しているランコムの美肌シンポジウムで、より意識するようになった“皮膚常在菌”の存在。肌に棲んでいる菌にとって居心地のいい環境を作ることが健康的な美肌を保つための基礎であることを知り、そこから私の美容法は菌を大切にする“常在菌ファースト”一直線に。

丁寧にクレンジングしているのに、なぜか一向に肌がきれいにならない、しっかり保湿しているのに肌がゆらぐ……、今までに経験してきた肌の悩みも常在菌の存在を学ぶと、「そういうことだったのか！」と、すっと腑に落ちた感覚でした。

例えば、メイクをきれいに落とすことは大事だけれど、肌にとっていい働きをしてくれる菌まで取りすぎてしまっていないか？ クレンジングの方法を見直すきっかけにもなりました。

また、菌のエサとなる汗をかくための入浴や、軽い運動、水分補給など、小さな習慣が美肌につながっていると知り、肌の基礎から回復させるためには“塗る”、“洗う”だけでなく、日常生活の積み重ねこそが重要なんだと気づくことができました。

常在菌に必要な栄養素をすばやく届けることで、肌のバリア機能と本来の回復力を取り戻す。各美容誌でベストコスメを受賞した頼れる1本。
ジェニフィック アドバンスト N
30ml ¥10,000/ランコム

常在菌のバリア機能をサポートする美容液も頼もしい！

皮膚に存在する代表的な3つの常在菌

善玉菌

表皮ブドウ球菌

汗と皮脂をもとに、弱酸性の潤いベールを作る働きをする。

日和見菌

アクネ菌

酸素のある環境では悪さはしないが、皮脂の分泌量が増えたり毛穴がふさがると、急にニキビを作ってしまう。

人によって数や種類が異なるよ

悪玉菌

黄色ブドウ球菌

水分不足などで肌がアルカリ性に傾いた時に皮膚炎などを起こす原因になる。

常在菌ってなに？

誰しもの皮膚に存在して、肌のコンディションを左右している菌のこと。善玉菌、日和見菌、悪玉菌という3つの菌からなります。乾燥や食生活の乱れ、間違ったケアなどでバランスが崩れると、悪玉菌が増えすぎて、八方美人な性質を持つ日和見菌も悪玉菌の味方になり、肌環境は一気に崩れてしまいます。健全な美肌を作るためには、それぞれの菌が最適なバランスで存在していることが重要です。

汗をかかない生活、やめてみた。

菌ファースト習慣 1

菌にとって、汗は大事な栄養分

肌に棲んでいる常在菌の中で、美肌にとって最も大事な役割を担っているのが善玉菌の「表皮ブドウ球菌」。

この菌は、皮脂や汗をエサとして食べて、弱酸性の脂肪酸を生産しているのですが、これが肌をウイルスや雑菌から守り、皮膚に潤いのベールを張ってくれています。しかし汗が少ないと、皮脂だけがどんどん溜まっていき、ニキビを作る原因でもある日和見菌の「アクネ菌」が暴走する環境に……。

汗をかかない生活がニキビにつながっている、という事実は、常在菌の存在を知るまでは想像もしていなかったので、とても驚きました。

これを知ってからは、仕事終わりに3駅分を早歩きしてみたり、欠かさず朝晩とも湯船に浸かったりして、しっかり汗をかくことを意識しています。

美肌のために効果の高い美容液を使うのももちろん効果的ですが、生活習慣で改善できる部分もまだまだあるのです。

朝と夜の入浴で、〝汗をかきやすいカラダ〟を作る

どれだけ疲れていて時間がなくても、朝晩、お風呂に浸って汗をかくことだけは欠かさないようにしています。

夜は、38~40度くらいのぬるめに設定して30~90分ほど。本や雑誌を持ち込んで読書をしたり、照明を落としてアロマキャンドルを灯したりして、ゆっくり過ごしています。その日の気分によって、入浴剤は香り系・発汗系・肌ケア系など使い分けていますが、じんわり汗をかくまで入ります。副交感神経が優位になってリラックスできるし、深部体温を上げておくことで、入眠の質も上げることができます。

朝は、43度の熱めのお湯に10~15分ほど浸かりながら、足首のマッサージ。交感神経が活性化して、活動をスタートさせる1日のスイッチになります。また、朝にカラダを温めてほぐすことで、新陳代謝を上げ、汗をかきやすい状態に。

汗をかきながら長く入浴する時は、お水を持ち込んで、きちんと水分補給しながら入ってください。発汗のためにも大切です。

Bath time

発汗編

a 酵素の力でカラダの内側からぽかぽか

大高酵素のバスコーソ

愛用している化粧水ヘーラールーノの販売元である大高酵素の入浴剤。発酵させたおがくずが入った布袋を湯船に入れてお湯になじませれば肌のかゆみも軽減！ 100g×6袋 ¥1,800/大高酵素

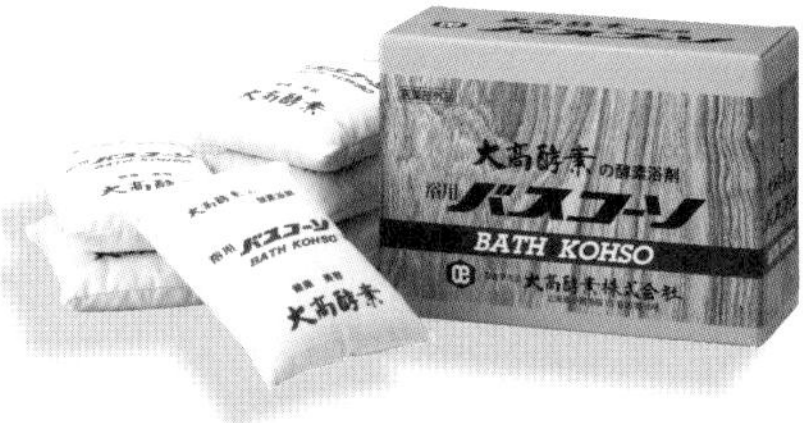

a

b カラダに残る癒やしの香り♥

サンタ・マリア・ノヴェッラの バスソルト ザクロ

香水じゃないのにお風呂上がりのカラダから自然と香るザクロの香りがとてもいいんです。バスタイムの気分が上がるかわいらしいパッケージも好み♥ 500g ¥7,000/サンタ・マリア・ノヴェッラ

b

c 代謝促進！ ダイエット入浴剤

シーボディの ミネラルバスパウダー

ミネラル含有量の多い宮古島の雪塩と海藻ミネラルが血流&リンパの流れを改善させることで、代謝を促進。脂肪の燃焼をサポートする発汗系入浴剤。しっかり汗をかきたい日に最適！ 600g ¥5,500/シーボディ

c

d 浸かるだけで肌ケアもばっちり

華密恋の薬用入浴剤

国内栽培のカモミールから抽出したカミツレエキス100%の入浴剤。肌が潤って、湿疹・にきびの改善にも効果的！ カラダの肌荒れが気になる方にオススメ。400ml ¥2,200/SouGoカミツレ研究所

d

e 1975年発売の入浴剤

ツムラのくすり湯 バスハーブ

生薬エキスが温浴効果を高めて、カラダを芯まで温かく保ち、ニキビや肌荒れにも効果を発揮。生薬独特の香りもなんだか落ち着くんです（医薬部外品）。210ml オープン価格/ツムラ

e

f たっぷりのミルク感！

バスクリンのピュアスキン しっとり肌

真珠エキス顆粒・ミルクプロテイン・豆乳エキスの潤い成分配合。たっぷりのミルク感でプレミアムな気分が味わえます（浴用化粧料）。600g オープン価格/バスクリン

f

温活＆湿活デトックス 〝蒸し美容〟もやってみた。

大量に汗をかくのに効率的なのが、ハマム浴やよもぎ蒸しなどの蒸し美容。血流を促進して滞っていた血の流れをスムーズにしてくれるので、冷えが気になる方や、冬場で汗をかきにくい時にやってみるのがオススメです。

汗とともに体内に溜まった毒素も一緒に排出してくれるので、少し風邪気味の時に訪れると、カラダがラクになったような感覚になります。それに、蒸し美容は友達と並んで話しながら温活＆湿活できるのがいいところ。週末のおでかけにぜひどうぞ♪

よもぎ蒸し

韓国の民間療法。よもぎやどくだみなどの生薬を入れた鍋を煮立たせ、その上に椅子を置いて蒸し風呂状態にして汗をかく。普段、なかなか発汗しにくい体質の人にも◎。

ハマム浴

イスラム地方が起源の蒸し風呂。約50度に蒸された室内で、スチームベッドに横たわり、カラダの内側から温めます。ハーブがブレンドされたスチームは、リラックス効果も高め。

顔に熱水シャワー当てるの、やめてみた。

菌ファースト習慣 2

必要な皮脂までも失い、乾燥を引き起こす原因に

常在菌の存在を知ってから、お風呂でシャワーの熱水を直接顔に当てることをやめました。

熱いお湯は、肌表面の皮脂を必要以上に洗い流してしまうだけでなく、角質が柔らかくなっている状態の肌に、シャワーの圧が思わぬダメージを与えてしまうんです。

よく、お皿洗いを頻繁に行なうと手が荒れる場合がありますが、それも肌に必要な皮脂が洗い流されているため。それと同じ現象が顔でも起こってしまうと、いくら化粧水や美容液できちんと保湿しても、乾燥肌から脱出できなくなってしまいます。

私は、できるだけ化粧を落としてからお風呂に入るようにしています。もし、お風呂で顔を洗う際には、少し冷たいと感じるくらいのぬるま湯に変えて、シャワーの水を手ですくってから、顔に当てるように。

そうした小さな気遣いを積み重ねて、常在菌の居心地のよい環境作りを心がけています。

菌ファースト習慣 3

タオルでゴシゴシ拭くの、やめてみた。

肌の摩擦は、シミや肌荒れのリスクになる

お風呂上がりに、タオルでゴシゴシと顔やカラダを拭くと、肌をこすった刺激で肌の内部にメラニンが発生して、数年後のシミの原因になってしまいます。

ですから、タオルで顔やカラダを拭く際は、決してこすらず、表面の水分をぽんぽんと吸い取る程度に優しく行うことが大切。さらに、タオルでこすると必要な皮脂まで取り除いてしまう上に、肌表面に細かい傷をつけて「黄色ブドウ球菌」が繁殖しやすい環境を作ってしまいます。

これは、カラダを洗う際にも言えること。お湯に浸かるだけでも余分な汚れや古くなった角質は流れていくので、さらにゴシゴシしてしまうと常在菌が作ったバリアが壊されて、汗がしみたり、乾燥で肌がかゆくなってしまったり……と、いろんな悪影響を及ぼしてしまうのです。

石鹸をふわっと泡立てて、泡に汚れを吸着させて洗い流すくらいが、肌にはちょうどよいと思います。

湿度70％以下で寝るの、やめてみた。

菌ファースト習慣 4

睡眠中も働いている常在菌に、居心地のよい環境を

風邪予防のためでもあるのですが、季節を問わず加湿器をつけて、寝室の湿度は70％以上をキープするように心がけています。

スキンケアで肌にたっぷりと保湿をしても、自然と肌から水分は失わていくもの。空気が乾燥していればなおさら、肌の潤いは保ちにくくなってしまいます。

それに湿度を維持することは、私たちが寝ている間も常に働き続ける肌常在菌にとって、より活動しやすい環境を作ってあげることにもつながります。

この湿度70％を保つ方法は、歌手の友人から教えてもらったケア法で、はじめてからは風邪をひくことがほぼなくなりました。

旅先や出張先で、ホテルの部屋の空気が乾いている場合は、熱いシャワーを出して湿度を部屋に送ってから寝るようにしています。

部屋自体が湿気っぽくならないように、起きたあとにきちんと換気をするのも忘れずに！

Moeka's Bed Room

寝室は癒しの空間

寝室では静かにゆっくり過ごしたいので、テレビは置かず、本を読むだけにしています。寝る時は、だいたい愛猫のパンセとコパンが一緒♥

読書タイムが欠かせない！

ベッドに入ったら眠くなるまで、お気に入りの本を読んでいます。携帯のブルーライトは睡眠の質を下げるので就寝前は遠ざけて。

加湿器は必須アイテム

【右】本棚には、今まで読んできたお気に入りの本がびっしり！【左】部屋の湿度は、季節を問わず常に加湿器で70%以上をキープ。

Moeka's Select Item

Skincare
スキンケア 編

a 肌の代謝をUP！

エビス ノブクリニックの SORMAシリーズ

白玉点滴で通っているクリニックのオリジナルアイテムで、再生医療研究から生まれたヒト臍帯幹細胞入りドクターズコスメセット。肌が元気でたくさん栄養を入れ込みたい時に最適。ローション・セラム・ジェルクリーム・ナイトクリーム4点セット ¥49,000/エビス ノブクリニック

b 翌日の肌がもちふわに♥

エスティ ローダーの マイクロ エッセンス ローション

発酵液・栄養素・ペプチドの黄金バランスで肌のバリア機能を強化。たっぷりの潤いを届け、土台からトラブル知らずの強い肌に導いてくれます。200ml ¥12,500/エスティ ローダー

c 使い心地さっぱり！

エビアンのフェイシャルスプレー

アルコール・防腐剤フリーのピュアなミネラルウォーターは、弱った肌に純粋な潤いをプラスしてくれます。柔らかな微粒子スプレーが心地よい！ 150g ¥1,150/エビアン

d 浸透性の高い温泉成分

白浜のツヤ肌白浜温泉水

日本三古湯とされる南紀白浜の地下温泉水を使用した化粧水は、顔だけでなく髪や全身に使用可能。敏感肌にも優しいつけ心地。200ml ¥1,000/福亀堂

e 乾燥がひどい時に

イニスフリーの ソイビーンエネルギー シリーズ

長期間自然発酵させた大豆を使用したシリーズ。潤いを与え、肌を整えてくれます。SE エッセンス N 150ml ¥4,200、SE エマルジョン EX 160ml ¥2,800、SE クリーム EX 50ml ¥3,400/イニスフリー

お肌元気期

よわよわ期

a

b

c

e

d

Chapter 2

肌が潤う
メイクに、
変えてみた。

メイク前の保湿を徹底してみた。

いくら美人に見えるメイクテクニックを習得しても、元の肌が潤っていなければ、本当のきれいに近づくことはなかなか難しい。肌について悩み続けてきた私だからこそ、肌の不調をメイクで隠したくなる気持ちはとてもよく分かります。

ただ、厚く塗り重ねれば重ねるほど、ケバく、老けて見えてしまうことが多く、本来持っている肌のよい部分さえも失っている可能性が高いんです。

厚塗りメイクをやめるための近道は、メイク前に肌をしっかりと潤わせること。私は、メイクよりも基礎化粧品を入れ込むことに時間をかけるようにしています。特に美容液を使って、じんわりと肌の奥まで潤いを浸透させるのがポイント。肌が潤っていると、化粧品のなじみがよくなり、小指の爪の先くらいのファンデーションの量でもきれいなキメを作ることができるんです。

また、首周りやあご周りをプッシングして、血流をよくするのも効果的。スキンケアとマッサージに時間をかけて、肌の潤いを正常に保つだけでも、おのずとファンデーションの量は少なく済み、メイクにかかる時間は短くなっていくはず。

日中のメイク直しにも美容液保湿がオススメ

メイク前だけでなく、日中のメイク直しにも美容液が活躍！ 最近のお気に入りはソフィーナiPの土台美容液。ファンデの重ね塗りでなく、保湿しながら整えることで化粧崩れせずに、透明感とツヤを復活できます。

ベースケア セラム 90g 参考小売価格/ソフィーナ

ベースメイクは化粧下地で9割決まる。

TPOによって服を変えるように、その日のコンディションや予定に合わせてベースメイクも変えるというのが、私の肌作りの基本。仕上がりの質感や予定に合わせて、肌にも着替えが必要なんです。

シーン別 ベースメイクアイテム

透明感のある肌にするなら……

打ち合わせやデートなど、人と接する距離が近い時は、“透明感メイク”。肌の厚塗りは老けた印象を与えるので、ファンデに頼らない薄塗り仕上げに。若々しい印象を目指します。

澄んだ透明感のある肌になると話題の1本。ファンデの密着率もUP。スノー メイクアップ ベース UV35 ブルー 30ml ¥6,000/ディオール

美容成分がたっぷり入った素肌感のある下地。ピュア キャンバス パワー プライマー スーパーチャージド エッセンス30ml ¥6,000/ローラ メルシエ

セミマットな肌にするなら……

汗・皮脂に強く、1日中サラサラ感が続くテカリ知らずな優秀下地。皮脂くずれ防止化粧下地 SPF20・PA＋＋ 25ml 参考小売価格/プリマヴィスタ

朝から夜まで活動する日やテレビに出演する日は、テカリが気になるので、あえてほんのりマットな肌に仕上げます。

ツヤ肌にするなら……

パーティーやディナーなど夜から出かける時は、初めからツヤ感をプラスして華やかな仕上がりを意識。

水性成分が豊富で、見えないヴェールをかけたようなみずみずしい仕上がりに! クリアカバー リキッドベース 30ml ¥7,500/アンプリチュード

クマを消すの、やめてみた。

顔の立体感を助ける〝いいクマ〟もある

年齢を重ねると、若い頃とは違う悩みが新たに生まれてきますよね。その中でも目の下のクマは、見た目の年齢をより上に見せてしまうから厄介。睡眠不足や血行不良、色素沈着が原因のクマが多いと思うのですが、隠すためにファンデーションを塗り重ねると、顔全体が平面的な印象になってしまうので、私は避けたほうがいいと思っています。

はっきりとした印象の顔には、メイクで奥行きを出すことがとても大事。特に目の下のクマは、顔に奥行きを生む大事なパーツなんです。とはいっても、美人に見えるクマは、不健康なクマとはちょっと違う。目頭から斜め下に向かって延びる茶色や青色のクマは、不健康な印象に見えてしまうので、コンシーラーで軽く消してあげてもいいのですが、涙袋の真下にある平行なクマ（影）は顔の立体感を助けるクマ。涙袋をぷっくり見せるために、ハイライト系で浮かせている方をよく見るのですが、間違えると目が小さく見えちゃう恐れも。メイクでクマに色を足してあげて、おしゃれ顔に仕上げる方法をご紹介します。

顔に奥行きが出て凹凸クッキリ！

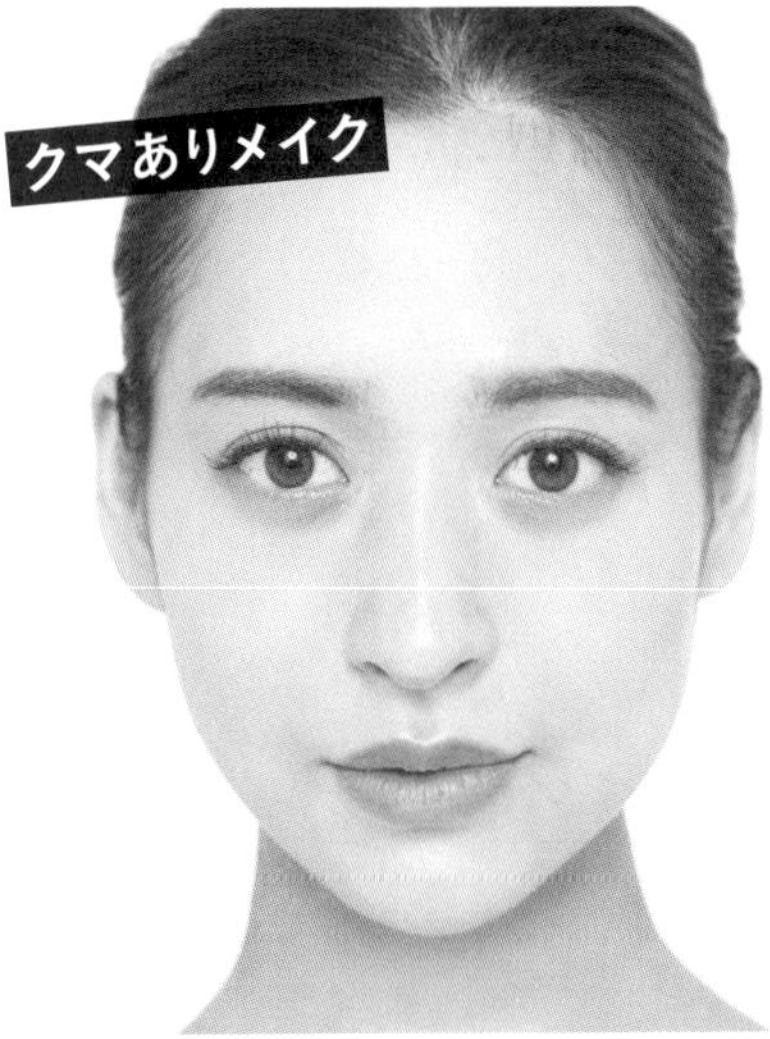

赤み系シャドウでクマを作ると、目元に奥行きが生まれ、凹凸のある引き締まった顔に！ シャドウ自体が血色をよく見せる色なので、不健康なクマには見えません。

なんだかのっぺり……？？

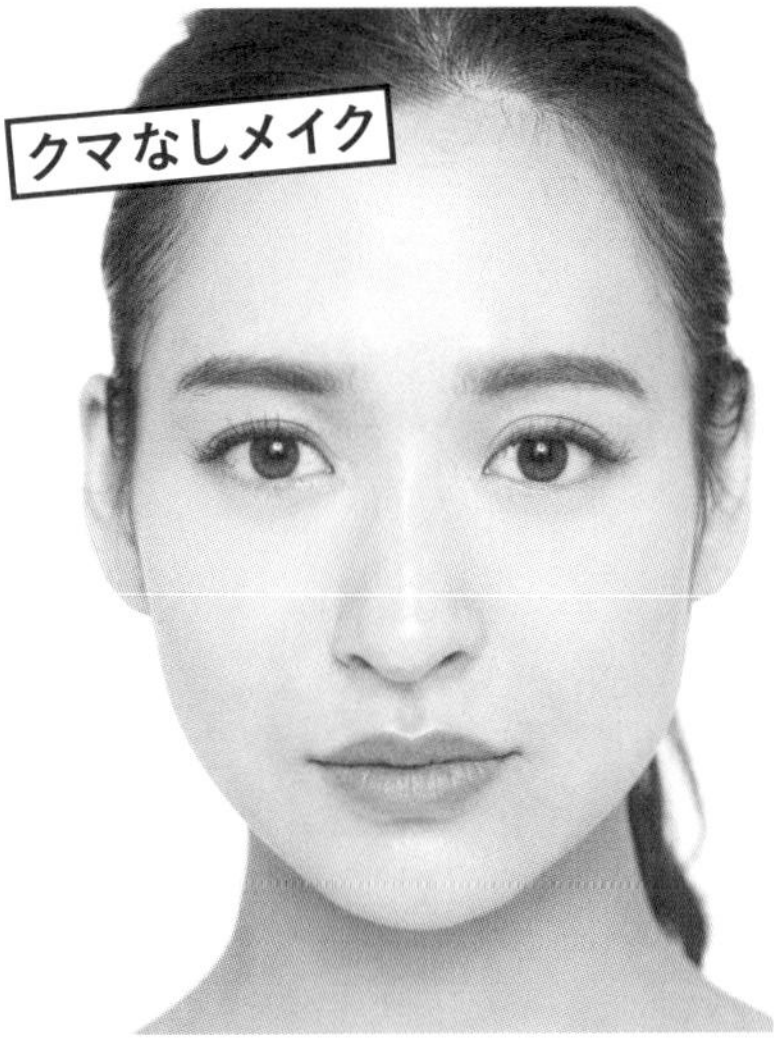

目の下をファンデーションで塗りつぶすと、涙袋と目の下の影が消滅し、のっぺりとした印象になりがち。心なしか頬下が長く見えて、古さを感じるひと昔前の仕上がりに……。

ファンデーションを
コンシーラー使いしても！

顔に立体感を出すには、いいクマを作ることに加えてファンデを塗りすぎないことが大切。化粧下地を顔全体に塗ったら、気になる部分だけにコンシーラーのような感覚でファンデーションを塗布します。ぽんぽんと指でならしながら、肌色になじませるだけでOK。下地のクリアな印象を失わずに、きれいな薄付きのメイクに仕上がります。

ツヤを活かした褒められる肌に

マティシム・
ベルベット・フルイド

テカリを抑えながら自然なツヤを放ちます。No.1マット・ポーセリン 30ml ¥7,100/ジバンシイ

How to

美人に見える クマの作り方

化粧下地を顔全体に塗布し、気になる部分にファンデーションを塗ったら、
目の下の部分だけ軽く指でぬぐいます。
そのあとに、立体感を出すための色をのせていけばOK。
大人な美人顔に見せるには、ベージュ系・ピンク～薄紫がオススメ。

Step1

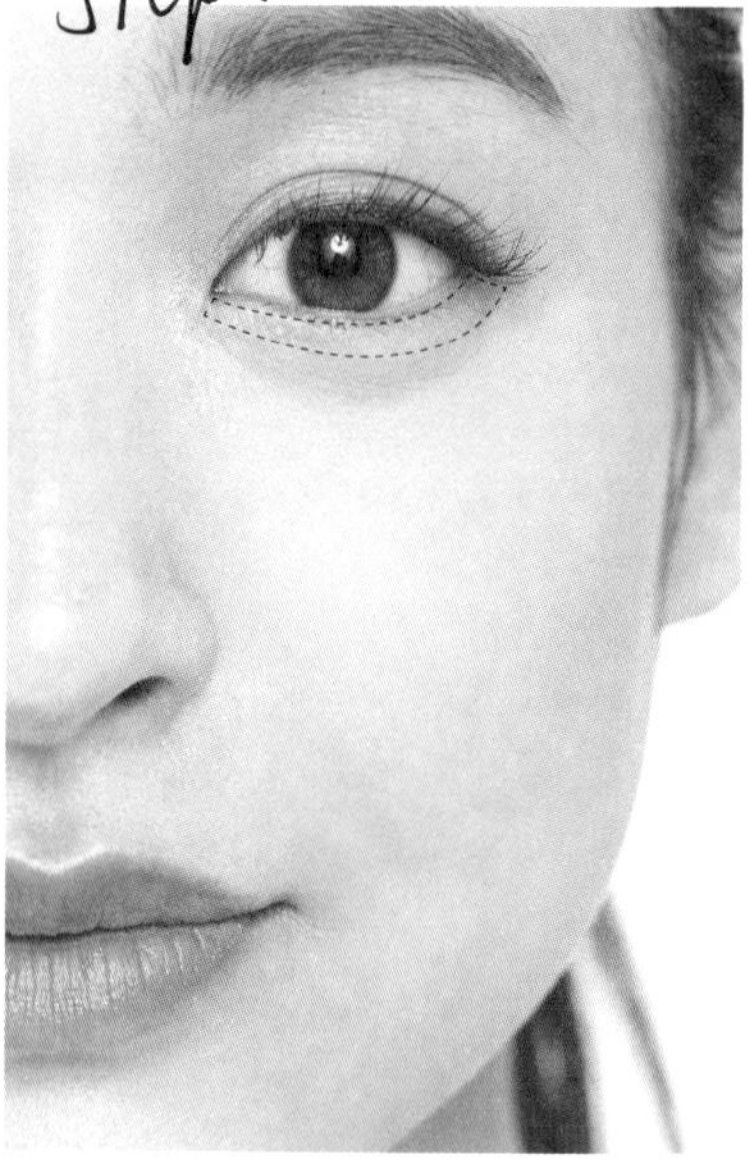

下まつげの幅まで 色をのせるイメージで

クマを大きく作りすぎると、不自然な印象になってしまうので、涙袋の下まつげで隠れている部分にだけ色をのせる。

Step2

指の腹で、優しく なぞりながら色をのせる

キラッとしたシャドウをのせると華やかな印象に、チークとしても使える薄付きのものをのせると透け感のあるツヤっぽい印象に。

頬下を短く見せてみた。

年を取ると、頭皮のたるみや筋肉の弾力が失われることで、顔全体が長くなるというのはよく聞く話だと思います。

実際、目からあごまでの距離が長いと、顔が大きく、老けた印象に見えてしまうんです。

赤ちゃんっておでこは広いけれど、顔の縦の長さは短いから幼くかわいい顔に見えますよね。写真加工アプリでも幼く写るモードで写真を撮ると、顔の長さが短く加工されます。つまり、頬下の長さで顔の印象が大きく変わってしまうということ。

私自身、もともと顔の形が少し面長なので、メイクの力でカバーできるように、色々なチークの入れ方を研究しています。

＼ こっちの方がパーツに一体感が出る！ ／

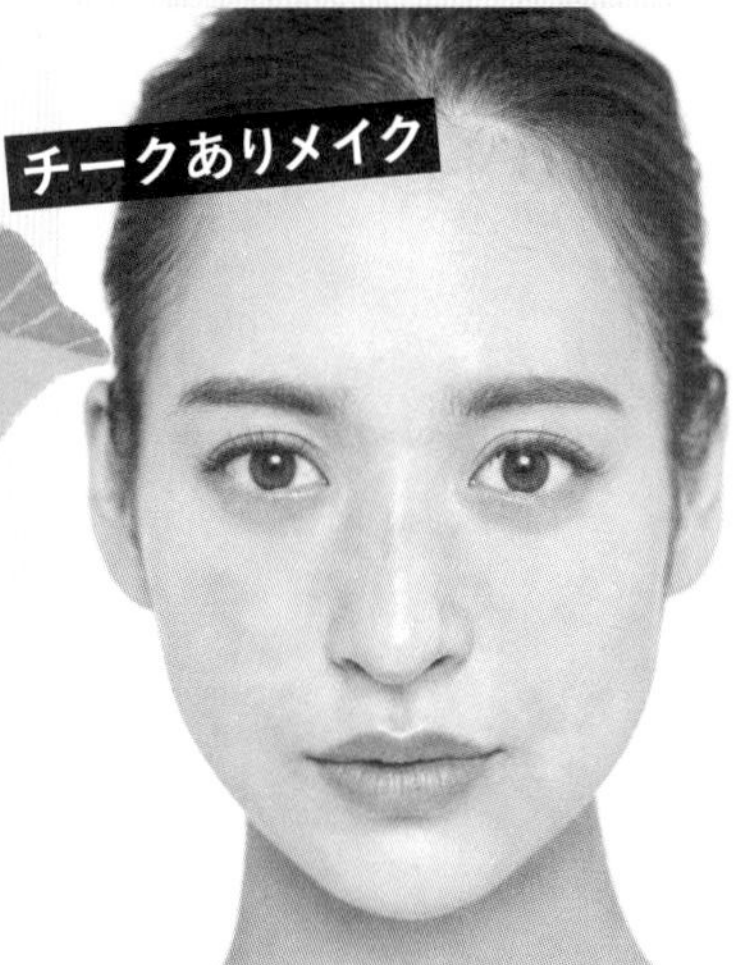

顔の余白が少なくなったことにより、顔の要素がぎゅっと近づいたような錯視効果が！シェーディングをしなくても、立体的な顔立ちを演出できます。

＼ これはこれでいいけれど…… ／

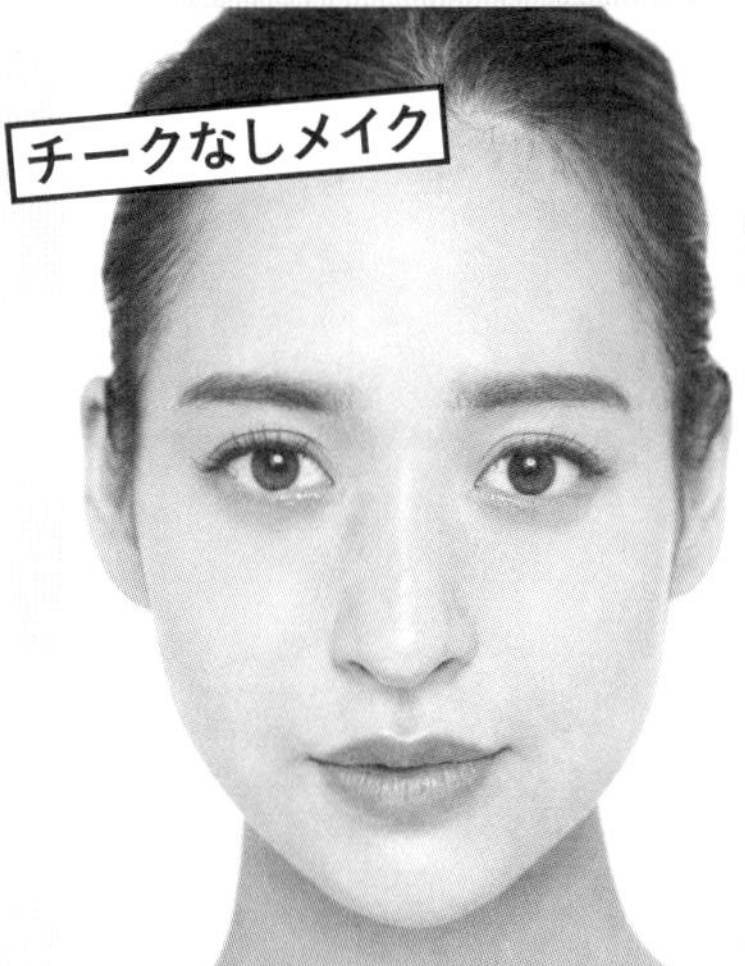

頬に色味がないとのっぺりして、どことなく顔全体が間延びしているような印象。もちろんこのままでも悪くはないですが、もう少し奥行きがほしいところ。

How to

頬が短く見える チークの作り方

頬に色を強くのせすぎると、若作り感が出てしまうので注意。
“適切な場所に適量”を心がけ、
自分の顔のバランスと照らし合わせながら、慎重に。
大人な仕上がりには、オレンジピンク系のチークがオススメ。

Step 1

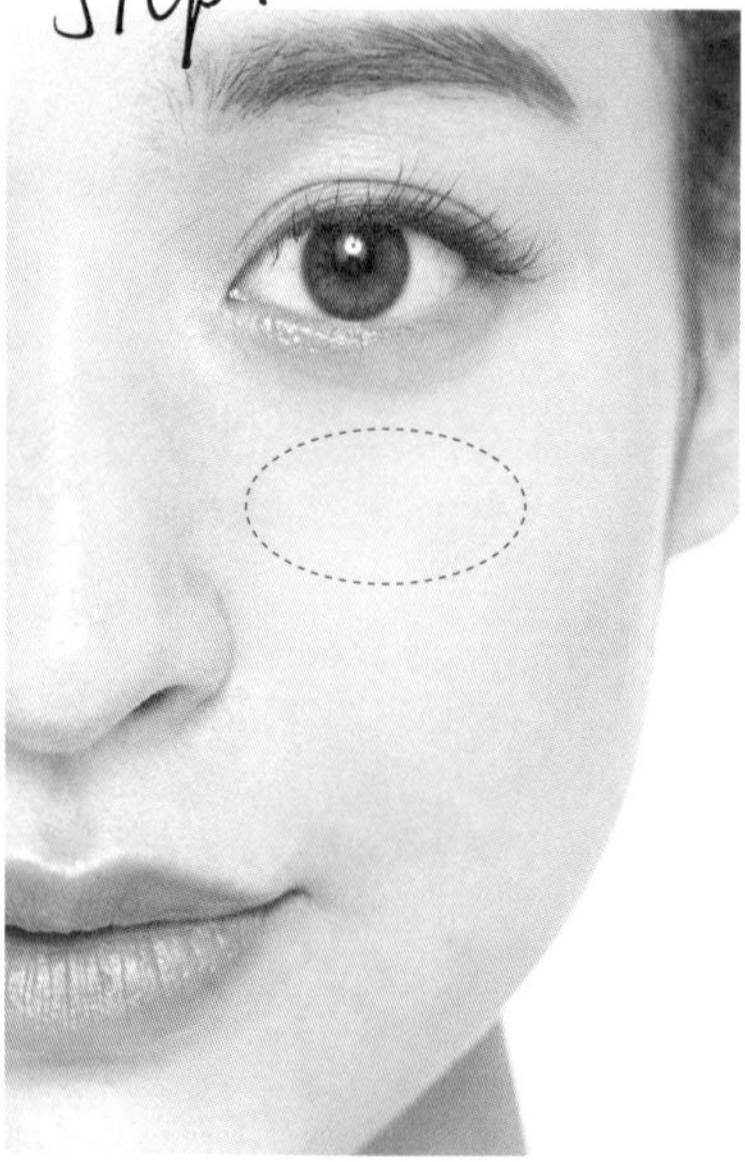

目のすぐ下の部分に 横長の楕円形で色をのせる

目のすぐ下に、幅が狭めで横長の楕円形になるように、チークブラシで優しく肌をなぞります。頬骨よりも内側におさまるよう意識するとバランスよく仕上がります。

Step 2

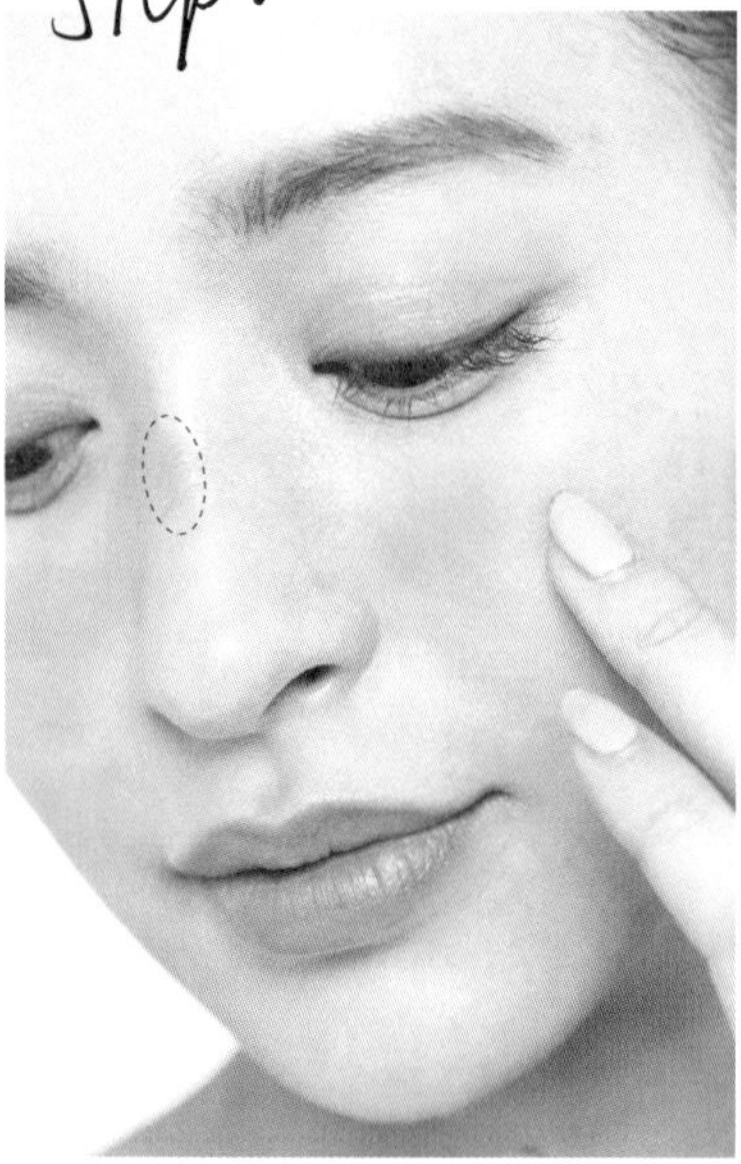

鼻根のあたりにも すっと色をのせる

鼻の付け根から少し下の骨が出ている部分を、ブラシに残ったチークで軽くなぞる。鼻筋にハイライトを入れる方も多いですが、面長を強調してしまうこともあるので注意。

ぱぱっと5分で
仕上げたい日に

もえか顔はこう作る♥

時短メイク編

ちょっとしたお出かけや、お仕事の打ち合わせには、簡単にできちゃうけど、きちんと透明感と立体感をキープしたナチュラルメイクで。使うアイテムも少ないので、短時間で簡単にもえか顔を作れちゃいます！

Base

肌作りはこれ1本で完了！ エイジングケアをしながら、紫外線によるダメージもしっかり防ぐ。ヴォワールコレクチュールn SPF25・PA++ 40g ¥6,500/クレ・ド・ポー ボーテ

Eye brow

眉の足りない部分のみ、リキッド系のアイブロウで軽く描き足していくイメージ。

Cheek&Lip

時短メイクの際は、チークとリップを同じアイテムで済ませることも。一度手の甲にのせてなじませたあとに、指で頬と唇にぽんぽんとのせていくだけ。ラプソリュルージュR 274 ¥4,000/ランコム

年齢相応の
かわいさに！

もえか顔はこう作る♥

しっかりメイク編

華やかな場に出かける時には、きちんとメイクをするのがマナー。しっかりメイクのもえか顔を作るには、パッと顔が華やぐ印象的な赤味系リップをポイント使いするのがコツ。顔に立体感さえ出せれば、リップ以外は引き算でＯＫ。抜け感のある洒落顔に近づきます。

Eye brow

眉の下の部分をしっかり太めに描いた、韓国メイク風並行眉を作ると大人な雰囲気に。リキッドで毛を1本ずつ描き、パウダーでなじませます。

Eye

リップに印象を持っていく場合、目元は引き算で。アイラインは目の中央〜目尻のみ、マスカラはたっぷりと。シャドウはピンクブラウン系を上下に入れます。

Nose

チーク&鼻にはP.46で紹介した頬下を短く見せる入れ方で。深みのあるレンガ系オレンジを使うことで、より立体感を強調！

Lip

しっかりした色味×ツヤ感は重たい印象になるので、ツヤなしのティント系リップを使用。縁取りはせず、指でぽんぽんと色を足していく要領で。

肌が弱い人こそ「抜け感メイク」を

肌が薄い目元は、なるべくメイクを控えます。ラインは目尻のみ、シャドウはブラウン系より、オレンジ系を。強めのラメは落とすのが大変なので避けて。ベースメイクは、下地で肌のコンディションを上げて、ファンデは最小限に。血色と美人度を高めてくれるチークさえあれば、ヘルシーな「大人の可愛げ」が完成します。

ブラウンのアイシャドウ、やめてみた。

年齢をプラスしてしまう〝くすみメイク〟は卒業

もちろん服のテイストによっては、ブラウンメイクが似合う方もいると思いますし、またブームが来たらブラウンメイクと上手く付き合える日も来るかもしれないのですが、私が30歳になって目指したいのは、色を上手に使った優しいメイク。

今の流行も汲み取ると、ピンクやパープル、オレンジ系が自分の理想とする顔に合っているかなと思っています。なぜブラウンをプライベートで使わなくなったかというと、年齢を重ねるごとに気になる〝くすみ〟をより強調してしまうように感じたのです。

カラーアイテムは冒険に感じるかもしれませんが、肌になじみやすい透明感のある薄付きのアイテムからはじめてみると、抜け感のある今っぽい顔になれたかも!?　と思えるはず。

逆に若作り？　と思えてしまうような大きなラメのシャドウも最近は控えています。目にキラッと感を足すにしても、年相応の細かな粒子のシャドウなら上品に仕上がります。

拭き取りクレンジングを、やめてみた。

気づかないうちに積み重ねた摩擦がシミの原因に

タオルドライの摩擦がシミや肌荒れの原因になるとお伝えしましたが、それはクレンジングする際の摩擦も同じ。ひとつひとつの積み重ねが茶色いシミの原因となるメラニンを生んでしまいます。特に、顔は洗顔や肌ケアで触れる機会が多く、気づかぬうちに摩擦による炎症が起きていることが多いのです。だから気づけるところから改めたいもの。

まず私がやめたのは、拭き取りクレンジング。ひと拭きではどうしても落ちないので、肌の上を何度も往復して皮膚をこするうちに、肌の防衛本能が働いて、メラニンを生成してしまいます。

また、ファンデーションとアイメイクを一緒のコットンで落とすと、アイメイクの色素が顔全体に広がって色素沈着を招く原因に。オイル系クレンジングで、目の周りをぐるぐると落としたあと、そのまま一緒に顔全体にまでなじませてしまっている人も要注意！　肌とアイメイク&リップのクレンジングを分けて、丁寧なケアを心がけましょう。

Moeka's Cleansing Step

クレンジングも色々な方法を試してきましたが、
洗顔後のしっとり感となじみのよさにハマり、
ミルク・バーム系クレンジングを愛用中。
ここでは、"肌に負担をかけず、短時間できちんと落とす"方法をご紹介します。

Step 1

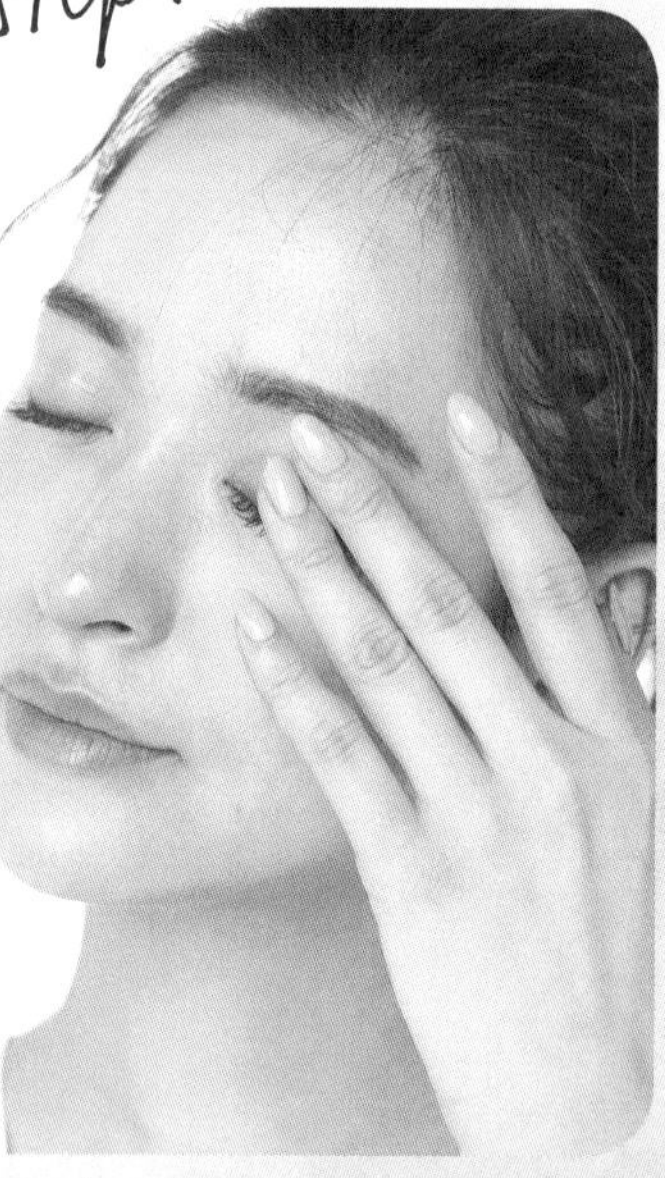

まずは目元、口元を丁寧に
ポイントクレンジング

ポイントメイクリムーバーを使用して、アイメイク・リップを落としていきます。時間があれば下まぶたにコットンを置き、その上にまつげをのせて、リムーバーを含ませた綿棒をころころと転がすように。最後に優しく拭き取ります。

Step 2

顔全体にバームクレンズをのせ
1分ほどなじませ、ぬるま湯で洗う

500円玉ほどの大きさのクレンジング剤を顔にのせ、軽く1分ほどなじませる。肌の上でマッサージはせず、なじんだらぬるま湯の流水の力でさっと洗い流しましょう。

忙しい夜は……

疲れて丁寧なステップを踏んだクレンジングができない夜には、ダブル洗顔不要のプッシュ式泡洗顔がオススメ。愛用しているクレンジングフォームは、美容家の石井美保さんが開発した泡洗顔（詳細はP.60）。肌に負担をかけない短時間のクレンジングが可能です。泡の弾力で摩擦を防ぎながら落とせるので、肌への負担が少なくてすみます。

Step 3

皮脂が気になる部分のみ泡で洗顔

皮脂の分泌が多い部分（額や鼻）のみ、泡を軽くのせ、数秒なじませたあとにぬるま湯で洗い流します。このケアは、毎日ではなく、気になった時に行えばOK。

Step 4

清潔なタオルで、顔を優しく包むように水分を取る

こすったり、ぎゅっと押し当てたりするのではなく、表面の水分のみを優しく吸い取る感覚で。強い摩擦は色素沈着にもつながるので、ここは徹底したいところ。

メイク後の道具洗浄までをルーティンに

シンプルなケアを心がけているがゆえに、こだわりたい部分も。

それは、メイク道具を清潔に保つこと。

面倒に感じる方も多いかもしれませんが、私はメイク後にブラシやパフを洗浄することを習慣づけています。

丁寧なケアを心がけているのに、肌荒れが一向に治らないという方は、そういったメイク道具の汚れが原因になっている可能性も。

私はヘアメイクさんに教えてもらってはじめたのですが、100円ショップの専用グッズで簡単に洗うことができます。

洗った後、乾燥しやすいように筆立てもついているので、次に使う時は清潔なまま使用することができます。

特に、クッションファンデなど、水分を多く含んだパフは雑菌が繁殖しやすいので、きちんと乾かして清潔な状態で使用しましょう。

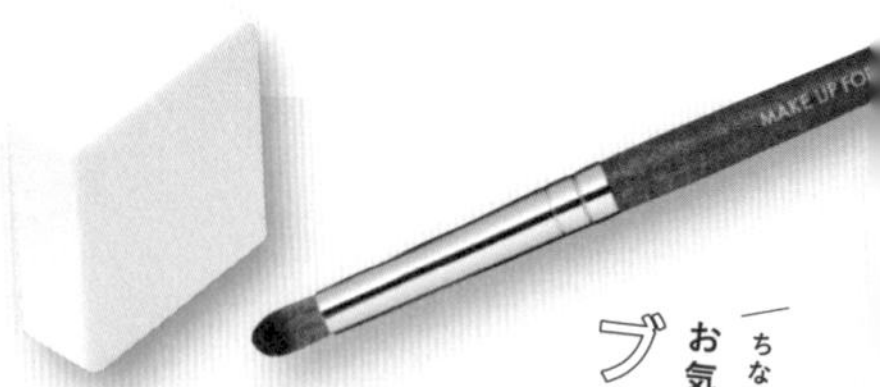

ちなみに……
お気に入りのブラシ&パフはコレ!

【右】先端が丸く、柔らかな毛質で優しい肌触り。シャドウを細かくのせたい時に使用しています。プレシジョンスマッジャーブラシ ミディアム 212 ¥3,500/メイクアップフォーエバー
【左】肌に優しいナチュラル素材。ファンデーションをコンシーラー使いする際に、少量をとってのせています。スーパー プロフェッショナル メークアップ スポンジ 4個入り ¥1,200/エスティ ローダー

パフ、ブラシを不潔にするの、やめてみた。

How to

パフとブラシの洗い方

Step1

ぬるま湯と洗浄液を入れ、くるくると回す

底板が突起状になっているブラシクリーナーにぬるま湯と洗浄液を入れ、毛先を突起に軽く押し当てながら、クシで毛を梳かすようにくるくる円を描きながら洗う。

Step2

しっかりと水ですすぐ

洗浄液がついたまま乾かすと肌荒れの原因になってしまうので、汚れが出なくなるまで、しっかりと水で洗浄する。

Step3

ティッシュで水気を拭き取り乾燥させる

しっかり水気を切った後、ティッシュ等で余分な水分を吸い取り、毛の部分が上向きになるようブラシ立てに置き、陰干しする。

【右】コンディショニング ブラシクレンザー ¥2,400/ボビイ ブラウン
【左】メイクブラシクリーナー ¥100/DAISO

※DAISOは店舗によって品揃えが異なり、在庫がない場合がございます。

Cosmetics
コスメ編

Cleansing

a 泡で出てくるからラクちん♪

リッシュのパーフェクショネール クレンジングフォーム

美容家・石井美保さんが開発したクレンジングフォーム。弾力性のある泡で肌を優しく洗い上げます。150ml ¥4,280/リッシュ

b ウォータープルーフもするり!

ランコムのビファシル

こすらず簡単に落とせるので、敏感な目の周りの皮膚に負担をかけずにポイントクレンジングできる! 弱酸性の2層式。125ml ¥4,500/ランコム

c 肌の上でとろけるなめらかさ♥

ファミュのビューティ クレンジングバーム

90%がボタニカル成分のバームは、はちみつのようなテクスチャ。汚れや不要な角質だけをオフし、柔らかな肌に整えます。50g ¥4,800/ファミュ

Foundation

d お化粧直しにも◎!

エトヴォスの ミネラルUVベール

皮脂の多い部分に仕上げにさらっと塗るのがオススメ。パウダータイプなのに粉っぽさがなく、柔らかなベールをかけたような仕上がりに。7g ¥3,500/エトヴォス

e しっかりカバー派なら

ジェーン・アイルデールの ドリームティント& リキッドミネラルファンデーション

【右】トーンアップする保湿クリーム下地で、毛穴もしっかりカバー。ライラック(日本限定色)¥4,800【左】ヒアルロン酸がベースのリポソーム処方美容液でできたファンデ。日中も肌を潤わせます。¥7,400/ともにジェーン・アイルデール

f お化粧直しにも使いやすい!

ゲランの パリュール ゴールド クッション

みずみずしく、肌にとけ込むようになじみます! クッションファンデなのに、カバー力も◎。01N ¥8,200/ゲラン

k とろんとした魅力的な唇に♥

トーンのペタルエッセンス グロス

ヘルシーな透け感もありつつ、しっかり色はのっかるグロス。保湿効果も抜群です！ 05 スウィートオレンジ 9g ¥2,500/トーン

l 唇の血色を活かす自然な発色

SHIROのジンジャーリップバター

じんわりと潤いを与えて、縦じわをふっくら整えてくれる！ リップクリームと口紅・グロスを兼ね備えたような1本。9I01 ウォームベージュ 5g ¥3,800/SHIRO

m 透けとツヤを両方叶えてくれる

セルヴォークの
ディグニファイド リップス

赤とオレンジを混ぜたような華やかなカラー。春らしい明るい顔に仕上がります！ 30 ヴァーミリオン ¥3,200/セルヴォーク

n とにかく肌なじみがいい！

アールエムエス ビューティーの
リップチーク

持ち運びやすいミニサイズ。リップもチークもこれひとつでOK。明るいピンクでぱっと顔が華やぐ！ リップチーク デミュア 5ml ¥4,800/アールエムエス ビューティー

g ぬくもりのあるピンクベージュ

エトヴォスの
ミネラルマルチパウダー

アイシャドウ、チーク、リップとして使用可能な3 in 1。肌になじみやすい柔らかなテクスチャ。優しい表情に仕上がります。トープピンク ¥2,300/エトヴォス

h 透明感のある色づきが◎

セルヴォークの
インフィニトリー カラー

しっとりとしたテクスチャが、肌にぴたっと密着。目元やチーク、リップに肌に自然な血色をプラスします♪17 コーラルシェル ¥3,200/セルヴォーク

i ひとぬりでボリューミー！

ロレアル パリの
カールインパクト CLG

まつげを自然とカールしてくれるカールメイクポリマー配合。お湯で簡単オフできるのも肌に優しい♥ 01 ブラック ¥1,800/ロレアル パリ

j なじみやすい自然なブラウン

メイベリン ニューヨークの
ハイパーシャープ ライナー R

汗や涙でも簡単には落ちないキープ力。細めの筆なので、繊細な薄付きメイクにぴったり。BR-1 ナチュラルブラウン¥1,200/メイベリン ニューヨーク

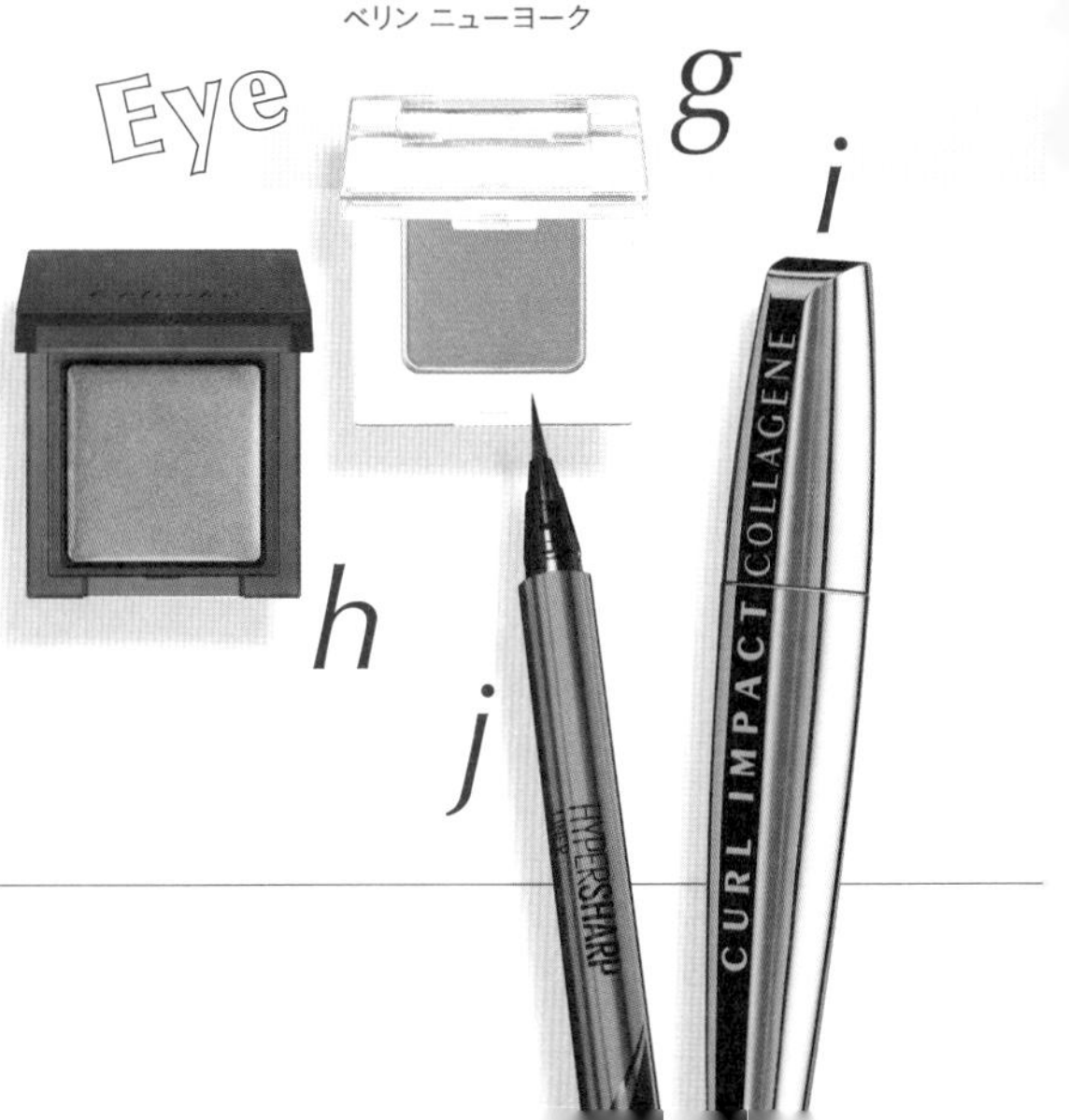

「え！朝からこんなに飲むの!?」と
びっくりするかもしれないけど、
肌と腸にとって朝の水分ってめちゃくちゃ大事！

Moekaの1日ルーティン

ここでちょっとひと休み。
私の1日をご紹介します。

7:00

起床後、朝日を浴びる（体内時計を調整）

朝日をしっかり浴びてカラダを起こす時間を作る。陽の光を浴びることで、自然と生じる体内時計のズレが修正され、自律神経のバランスも整います。1日中、窓のないスタジオにこもって撮影をすることもある私にとって、朝の大事なルーティン。

7:10

腸にいい水分3種類を欠かさず摂取

目覚めたらまずは、水分を摂ってカラダを潤します。朝は、腸の運動がいちばん強く起こるので、朝ごはんが食べられない時でも、水分だけは必ず摂取します。朝にたくさんの水分を摂ることで昼の暴食を防ぐ効果も。

詳しくは
P.81をCheck

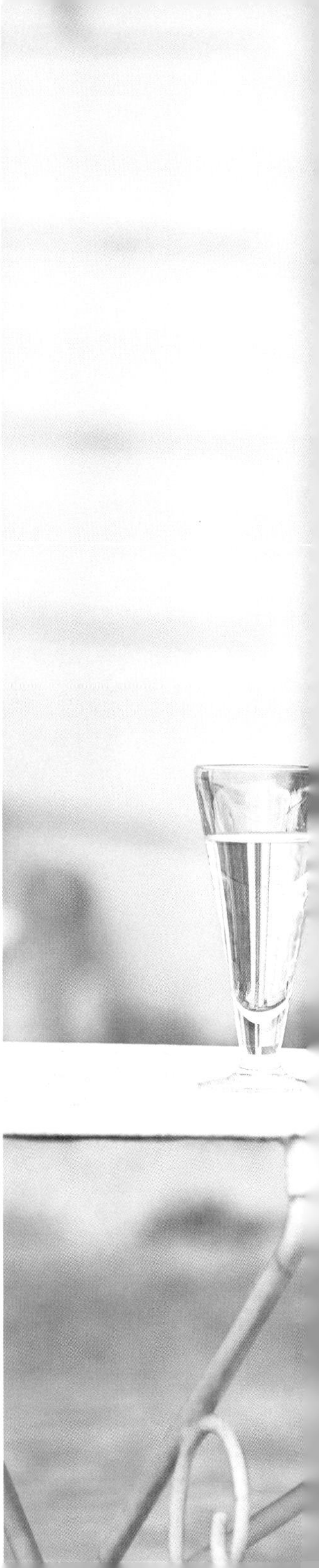

7:30

熱めの湯船に10分
浸かって代謝アップ

寒いとカラダが硬くなってしまうので、熱めのお湯に入って、しっかりカラダや腸を温め、ほぐします。熱めのお湯は交感神経を活性化させて、活動スイッチをオンにする効果もあるのでお仕事のある日は欠かせません。お化粧のノリもよくなります。

12:00

ヘンプおにぎりを持参して
たんぱく質多めの昼ごはん

酵素の働きを補うスーパーフード、ヘンプオイル＆ヘンプシード入りのおにぎりを自宅で作って、仕事場に持参することも。これだけで良質なたんぱく質と糖質を摂れます。さらにたんぱく質を補いたい時は、ソイプロテインも一緒に。

15:00

カリウム豊富なドリンクで
午後のむくみ対策！

体内の水分量を調整してくれる栄養素・カリウム。これを豊富に含む、ココナッツジュースやスイカジュースをバッグに入れています。

ヘンプシード＆オイルを混ぜた栄養たっぷりのおにぎり。【上】有機ヘンプシード 100g ¥1,200/生活の木【下】ヘンプシードオイル 250ml ¥2,315/ヘンプフーズジャパン

どちらもストレート果汁使用、砂糖不使用だから、美味しくヘルシーにミネラル補給ができちゃいます。【上】ウォーターメロンジュース180ml ¥138/CHABAA【下】ココナッツウォーター180ml ¥128/CHABAA

お昼ごはんは、スタッフの皆さんが用意してくれた
お弁当を一緒に食べますよ！
でも、雑誌の撮影でケータリングだったりする時は、おにぎりだけ持参。
カラダにいいことを〝がんばりすぎない範囲〟で積み重ねています。

スタイル維持のヒケツは「3駅前から歩くこと！」
1駅じゃ足りないんだ……ということは
長年のモデル経験から学んだことのひとつ。

郵便はがき

お手数ですが
切手を
お貼りください

1 5 0 - 8 4 8 2

東京都渋谷区恵比寿4-4-9
えびす大黒ビル
ワニブックス 書籍編集部

お買い求めいただいた本のタイトル

本書をお買い上げいただきまして、誠にありがとうございます。
本アンケートにお答えいただけたら幸いです。
ご返信いただいた方の中から、
抽選で毎月5名様に図書カード（1000円分）をプレゼントします。

ご住所 〒 TEL（ - - ）	
（ふりがな） お名前	
ご職業	年齢 歳 性別 男・女
いただいたご感想を、新聞広告などに匿名で使用してもよろしいですか？（はい・いいえ）	

※ご記入いただいた「個人情報」は、許可なく他の目的で使用することはありません。
※いただいたご感想は、一部内容を改変させていただく可能性があります。

●この本をどこでお知りになりましたか?(複数回答可)

1. 書店で実物を見て　2. 知人にすすめられて
3. テレビで観た(番組名:　)
4. ラジオで聴いた(番組名:　)
5. 新聞・雑誌の書評や記事(紙・誌名:　)
6. インターネットで(具体的に:　)
7. 新聞広告(　新聞)　8. その他(　)

●購入された動機は何ですか?(複数回答可)

1. タイトルにひかれた　2. テーマに興味をもった
3. 装丁・デザインにひかれた　4. 広告や書評にひかれた
5. その他(　)

●この本で特に良かったページはありますか?

[　]

●最近気になる人や話題はありますか?

[　]

●この本についてのご意見・ご感想をお書きください。

[　]

以上となります。ご協力ありがとうございました。

18:00

3駅分歩いて、軽い有酸素運動を

撮影中、ロケバス移動で気がつけば全然歩いていなかった……なんて日も。そういう時は、運動不足を解消するため、3駅分手前で下車し、30〜40分早歩きをして、軽い有酸素運動をします。時間がある日は、ぺたんこ靴を持ち歩くことも。

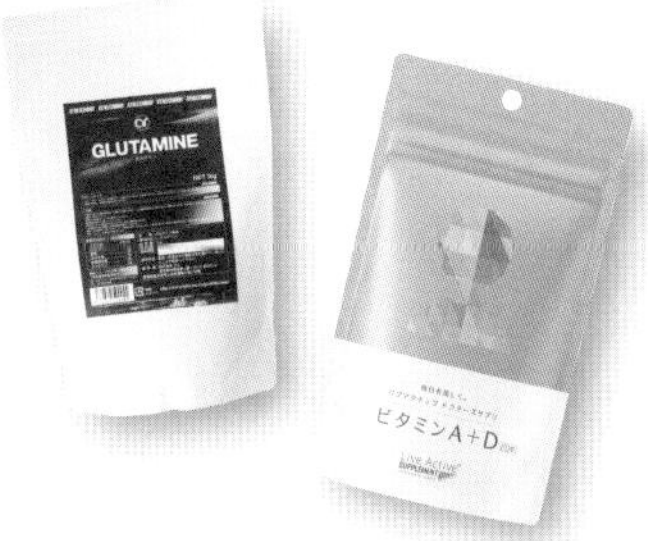

運動後に摂取して、ビタミン&アミノ酸を補給。【右】リブアクティブドクターズサプリ ビタミンA+D 60粒 ¥2,800／プロティア・ジャパン【左】グルタミンパウダー 1kg ¥3,528／アスリチア

19:00

夕飯は少量で済ませ、野菜中心のメニューに

自炊ができる日は、野菜中心のメニューに。友人と食事の予定が入っている時は、自由に食べたいものを食べています♪ ストレスにならないよう、義務化しすぎないことも大切。就寝3時間前には夕食を食べ終えるようにしています。

20:30

夜はリラックス重視でゆったり長風呂

夜の入浴は飲み水と本を持ち込み、30〜90分ほどじっくり浸かります。発酵系入浴剤や香りのいいソルトを入れ、肌の菌活&リラックスに。同時に腸もみやストレッチも行って発汗を促進。濡れた肌にローションやクリームをつけて、保湿も忘れずに！

21:00

カラダのコリをほぐして流す！ホグッシータイム

入浴後は、1日のうちでもっともカラダをほぐしやすいタイミング。村田友美子先生のホグッシー(P.110参照)を使って、丁寧に全身のコリを解消していきます。しっかりほぐすと、カラダがよりリラックスして質のよい睡眠をとれるようになるんです。

22:00

寝る前ハーブティで リラックスモードに。

睡眠の1時間ほど前からスマホとは距離をとり、読書をして過ごします。同時にリラックス効果を高めるカモミールなどのハーブティーを飲んで、副交感神経優位な状態に。

23:00

湿度70％に保った部屋で 早めに就寝

乾いた部屋で寝ていると、どんなに保湿ケアをしても肌から水分が逃げてしまうので、年間通して寝室の湿度は70％以上になるよう加湿器を常備しています。睡眠時間は7時間くらいとると、調子のいい状態をキープできる気がします！

Good night..

Chapter 3

腸が渇く
クセも習慣も、
やめてみた。

便秘をほうっておくの、やめてみた。

健康な腸こそが、美肌作りの基礎

私は、腸と肌の密接な関係を知るようになってから、肌ケア以上に腸のケアを大事にするようにしてきました。というのも私自身、食べたものや生活習慣が肌に影響しやすい体質だったから。

まず最初に目指したのは、便秘を解消するところから。便秘になると、溜まった便が腸の中で腐敗して有害なガスを出し、それが腸から血液にのって全身に広がっていきます。その毒素は肌にも影響を及ぼし、肌荒れやニキビの原因にも。

だから排便を促すために、腸のマッサージをしたり、水分を多く摂ったり、サプリメントを試してみたり。腸の動きを活発にするためのさまざまな努力をして、今ではほとんど便秘に悩むことはなくなりました。

そして、きちんと出せる健康な腸には、肌と同じく常在菌のバランスが鍵。腸内を善玉菌優位の環境にすれば、きちんと排便が促され、免疫も上がってくる。これは肌に限らず、健康と美のすべてに関わってくることだったのです。

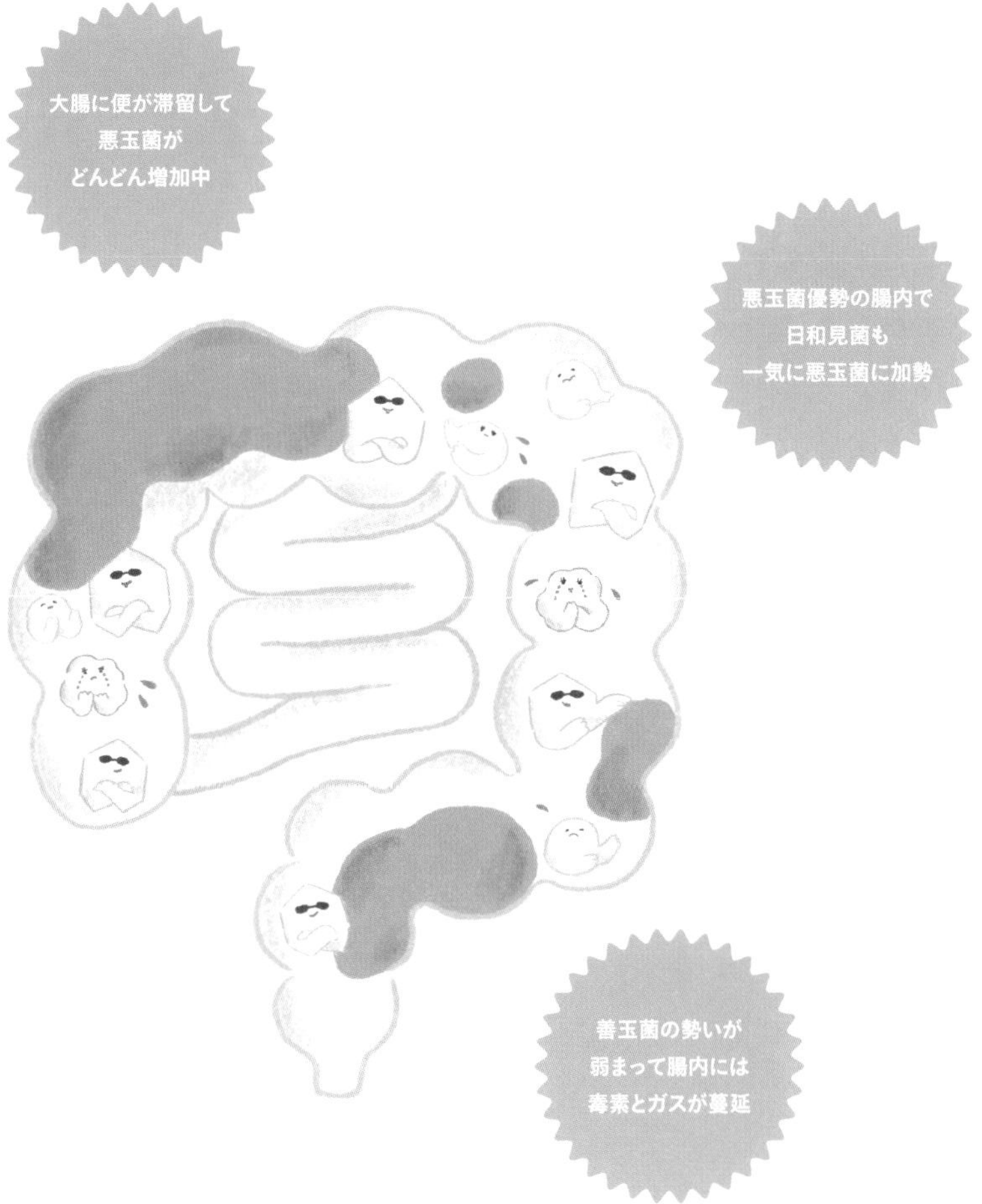
大腸に便が滞留して
悪玉菌が
どんどん増加中
悪玉菌優勢の腸内で
日和見菌も
一気に悪玉菌に加勢
善玉菌の勢いが
弱まって腸内には
毒素とガスが蔓延

便秘を放置するとどうなるの？

便は、温かい腸の中で乾燥して硬くなり、同時に腐敗していきます。すると腸内に悪玉菌が増え、有害なガスを発生してしまうのです。便秘によっておならが臭くなる理由はこれ。そして腸内の腐敗物質が体内に吸収されると、肌にも悪影響を及ぼします。さらに便秘の状態そのものにストレスを感じて自律神経のバランスが崩れ、免疫力も低下……と、便秘をほうっておくと、カラダに悪いことばかり！

水溶性食物繊維で便を柔らかく！

便通をよくするには、いも類やごぼうなどが効果的とよく言われたりしますよね。これは、便通を促してくれる食物繊維がたくさん含まれているため。

これらの食物繊維は、不溶性と水溶性の２種類に分けることができます。私の場合、排便に効果を発揮してくれるのがいも類などに含まれる水溶性の食物繊維。

食べ物で言うと、昆布やわかめ、里芋などのネバネバ系の食べ物に多く含まれます。これらの食物は、硬い便を柔らかくしながらカラダの外へ運んでくれる作用があります。

ただし、食べ物から水溶性食物繊維を十分に摂るのはなかなか難しいので、私はサプリメントを活用しています。オススメは、「イヌリン」と「水溶性デキストリン」の２種類。どちらもトクホのドリンクなどにも含まれている安全な成分です。

スプーン１杯にレタス４個分の食物繊維が含まれていて、糖分の吸収を抑え、食後の血糖値の上昇をおだやかにする働きもあり、健康効果も抜群。

さらっと水に溶けやすく、無味無臭なので、無理なく続けられています。

【右】無味無臭で、加熱もOK。難消化性デキストリン 500g ¥1,000/LOHAStyle【左】どんな料理にも使いやすい！ 水溶性食物繊維（イヌリン）400g ¥800（税込）/ヘルシーカンパニー

お茶より、水を飲む習慣を！

“便秘を改善するために、1日2リットルのお水を飲む”という健康法は、みなさんも聞いたことがあると思います。実際に私も、毎日1.5～2リットルのお水を飲むようにしています。

なぜ、お茶はダメで、お水がいいのかというと、お茶には利尿作用があるため。せっかく飲んでも尿としてカラダの外に出ていってしまうんです（もちろん、むくみがひどくて、体内から水分を排出したほうがいい時にはお茶が最適だと思いますが）。

また、お茶にはカフェインが含まれているので、大量に摂取すると不眠やめまいの原因になってしまうことも。だから、カラダのためには必要なミネラルだけを摂取できる水が最適なのです。

体内の水分が少なくなると、肌も乾燥してしまうので、私は少しでも喉の乾きを感じたら、こまめに水を飲むようにしています。また、できる限り水は常温で飲むように気をつけています。というのも、腸を冷やしてしまうと排泄機能が低下して、腸内環境が悪化してしまうから。たっぷりの水で体内から潤わせて、便を出しやすいカラダに一歩一歩近づけていくことを心がけています。

ガブ飲みはせず、
20分おきに
ちょこちょこ飲みして！

腸と肌の関係について知ろう！

(社)日本爪肌美容検定協会 代表理事
川上愛子先生監修

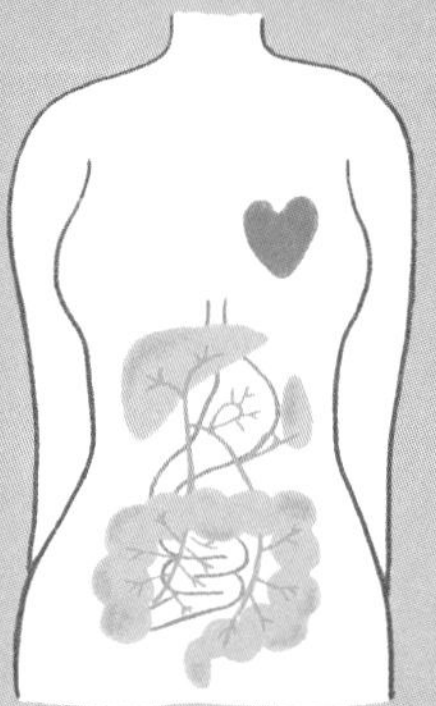

腸は血液のスタート地点！ 小腸の壁から取り込まれた栄養素は、血液とともに肝臓へと運ばれ、そのあと心臓から全身へと運ばれます。

お通じがなぜ美肌に大切なの？

人間は必要な栄養を、腸を通っていく食べ物から吸収するのですが、そこに便が詰まり、腸の壁がふさがっていると、栄養の吸収ができなくなります。

肌を気遣って栄養価の高いものを食べても、便秘で栄養を吸収しにくくなっている状態では意味がありません。肌の細胞の源になる栄養もうまく吸収できなくなり、ターンオーバーにも悪影響が。

人間は吸収した栄養を優先的に生命維持に使うため、肌や髪、爪に栄養が渡るのは後回し。つまり、善玉菌が優勢で、栄養を吸収しやすい腸にしておかないと、美肌に近づくことは難しいのです。

それに、便秘中に作られた血液はドロっとして質が低いことも多いとされ、栄養素が細胞にうまく取り込まれず、皮下脂肪、内臓脂肪へと回されます。つまり、粗悪なガソリンを全身に送っているような状態。ゆえに燃費が悪く、代謝機能も低下し、肌のターンオーバーも乱れてしまうのです。

美肌を育む理想のお通じは？

1日3食食べたら、お通じも3回出すのが理想。ただし食生活や生活環境の変化もあり、現代人は1日1回出ればよしとされています。大きさはバナナくらいで、踏ん張らずにスルッと排出される硬さが理想。

ゆるすぎたり、硬すぎたりする人は、善玉菌がうまく腸の中で働いていない証拠なので、腸内環境を知るためにも毎日のお通じチェックをオススメします。

2日間お通じがなければ便秘ケアが必要。要因はさまざまですが、ストレスや水分不足、運動不足が考えられます。また、お通じをスムーズにする食物繊維不足も理由のひとつ。食物繊維などの糖質は、腸内にいる菌たちの栄養源です。ここ数年、糖質オフという考え方が注目されましたが、糖質を摂らないと便が硬くなったり、おならが臭くなる原因を作ってしまうので注意しましょう！

腸内フローラってなに？

腸内フローラとは、善玉菌、日和見菌、悪玉菌の3種で構成される腸内の菌の群生体。食べ物を栄養に作り変えたり、免疫を高めたりと重要な役割を担っています。腸内フローラのバランスは人によって異なり、その構成は3歳頃までに決定するとされています。便秘の人は、腸内の善玉菌がもともと少ない可能性も。積極的にヨーグルトなどの食品を食べて、いい腸内環境を保つ必要があります。

善玉菌を元気にさせる方法は？

善玉菌を活発にするには、よく寝る・運動する・バランスよく食べるという基本的な生活習慣の改善がいちばん大事。中でも食事で善玉菌のエサになる食物繊維とオリゴ糖を積極的に摂ることで、腸の中の善玉菌の数を増やす助けをしてくれます。ヨーグルトの乳酸菌も多くは胃酸で死んでしまうのですが、その死んでしまった菌も善玉菌にとってはいいエサになります。

川上愛子（かわかみ・あいこ）

（社）日本爪肌美容検定協会 代表理事。コスメ薬事法管理者。（社）日本スキンケア協会認定講師・認定スキンケアカウンセラー。美容関連の仕事につくプロが、皮膚や爪、化粧品や材料学だけでなく関連する法律に至るまで科学的根拠を基に幅広く学ぶ。著書に『皮膚常在菌ビューティ！』がある。

肌菌、腸の菌のバランスを保つことで健やかになる！

肌も腸も、棲んでいる菌のバランス次第で、健康にも不健康にもなりうるもの。こうした肌と腸の常在菌バランスは、人によって異なります。

例えば、幼少期にたくさん土あそびをして色々な菌に触れると、それに抵抗する力が働き、どんどん肌が強くなっていくのです。

大人になってから常在菌のバランスを変えられない私たちは、食べ物や生活習慣で菌をサポートする必要があります。ですから毎日のお通じチェックで腸の声を聞いたり、日々お肌の調子をきちんと観察してあげましょう。

最近では、脳腸相関という概念も生まれています。腸と脳はお互いに信号を送り合っていて、腸内環境が乱れると精神面にも悪影響を及ぼす可能性があるのです。ゆえに、菌と上手にお付き合いをしていくことが、健康にはとっても大事なのです。

乳酸菌、酵母菌で、腸と肌をよみがえらせる！

乳酸菌と酵母菌は、カラダにとってよい働きをしてくれる“善玉菌”。このふたつは人の腸内で、悪玉菌やウイルスが棲みにくい環境を作り、腸内フローラのバランスを保っています。この善玉菌たちが腸内でしっかり働いてくれるおかげで排便が促され、きれいな肌を維持することができるのです。

腸内を善玉菌優勢の状態にするためには、ヨーグルトや納豆などの発酵食品を毎日食べて、乳酸菌や酵母菌を積極的に摂り入れることが大事！

乳酸菌

腸内を酸性に傾け、悪玉菌やウイルスが棲みにくい環境を作り、腸のぜん動運動を助けて便秘を改善する効果を持つ。ヨーグルト、チーズなど発酵食品の製造に使われています。

酵母菌

糖分やアルコールをガスに分解し、カロリーの吸収を抑える役割がある。体内に入る際に胃酸で死んでしまった場合は、腸内で善玉菌のエサに変身し、善玉菌の数を増やします。

P.84で紹介する甘酒ヨーグルトならこの2つの菌を同時に摂れる！

腸を一気に元気にする酵母菌サプリ。

酵母の力で腸を活性化

友人に教えてもらって出会ったMASYOMEは、胃酸に弱く、生きたまま腸に届けることが難しい酵母菌を元気な状態で凝縮したサプリメント。

酒蔵の“蔵付き酵母”を使用していて、酒蔵で働く人の間で病気を予防するために飲まれていた発酵液（酵素）をサプリ化したものなんです。私は出かける際に、いつも持ち歩いているのですが、食前に飲むと、お腹が膨らんだような感覚になるので、暴食防止にもつながります。

生きたままの酵素が腸に

MASYOMEの
酒蔵の酵母

老舗酒蔵に生息する“蔵付き酵母”を用いた独自のエキスを、生きたままの状態で顆粒状にしたサプリメント。30包 ¥4,800/MASYOME

うるうる腸を育む、コップ3杯の朝活。

カラダに必要な栄養素を朝にチャージ

私の1日は、3杯のドリンクを飲むことから始まります。「ケイ素入り水」「ソイプロテイン」「甘酒ヨーグルト」という、お決まりの3杯です。朝から3杯も飲むの？ と驚いた方もいるかもしれませんが、どれもカラダを内側から潤して、出せるカラダに導くために欠かせないものばかり。

ケイ素水は、アンチエイジングの美容効果を狙って。食べ物で摂取が難しい成分なので、朝の1杯で補給しています。

カラダの細胞の材料となり、肌や髪の形成にも必須なたんぱく質を豊富に含むプロテインは、豆乳で割って飲みやすく。肌や髪など、表面積が多い部分に年齢は出るものと思っているので、若々しさを保つために原料となるたんぱく質をきちんと摂取しておきたいのです。

甘酒ヨーグルトは、腸の善玉菌のエサとなる成分がたくさん含まれています。毎朝飲むことで、善玉菌たちにも朝ごはんを与えているようなイメージ（笑）。さらに甘酒には、朝に必要なエネルギーになるブドウ糖も豊富。自然な甘みがあってデザート感覚で飲めるので、甘い物を食べたい欲求もおさまりますよ。

なにより朝から3杯も飲むと、満腹感が長続きするのでランチ時の暴食を抑えることができます。私は食べることが大好きで、美味しそうなものが並んでいるとついたくさん食べたくなってしまうのですが、朝の3杯で満たされていれば、食欲も抑えられるので安心。

また、友人とのディナーでしっかり食べる日もありますが、3杯の朝活を始めてからはしっかり出せるようになって、翌日に太ったと感じることも少なくなりましたね。

インナービューティーを底上げ

ケイ素は、コラーゲンやヒアルロン酸などの組織をまとめる役割があり、肌のハリや透明感、髪のツヤにも大きく関わっています。もともと人間が持っている成分なのですが、体内で作ることができない上に年齢とともに減っていくため、補給が必要。食べ物にも含まれていますが、水に溶けた状態じゃないとカラダに吸収されない特性があるので、私はお手軽にサプリで摂るようにしています。

ケイ素入りの水

液状のケイ素を水に10適

コップ1杯分の水に、液体のケイ素を10適ほど垂らし、混ぜて飲みます。朝イチに冷たいお水を入れると腸がびっくりしてしまうので、常温のお水で。

美肌や美髪に欠かせないたんぱく源

プロテインって、筋肉をつけたい人のための飲み物じゃないの？ と思った方もいると思いますが、プロテインに含まれるたんぱく質は、筋肉だけでなく、カラダを構成するあらゆる細胞や皮膚、髪の源になるとっても大切な栄養素。

そのほかにも1食分に置き換えられるくらい、ビタミンなどの栄養が豊富に含まれています。プロテインは手っ取り早くたくさんの栄養素を摂れる最強のサプリなのです。

ソイプロテイン

無調整豆乳で割る

より多くの大豆成分が含まれている無調整豆乳で割って飲んでいます。大豆由来の植物性プロテインは、脂質と糖質が低く、女性に嬉しいイソフラボンなどの成分も豊富。

腸に必要な菌を、この1杯で補う

美と健康に効く最強の組み合わせ！ ヨーグルトに含まれる、腸内を酸性に保つ乳酸菌に加え、麹から作る甘酒には麹菌や腸内のビフィズス菌を増やすペプチドが豊富で、腸内環境をしっかり整えてくれます。

さらに甘酒には、必須アミノ酸やビタミンB群など美肌に大切な栄養素もたっぷり。ドロっとした飲みごたえで満足度も高く、活力になるブドウ糖も摂れるので朝に最適なんです。

甘酒ヨーグルト

甘酒と ヨーグルトを1：1

甘酒とヨーグルトは、同じ分量ずつ混ぜます。甘酒がさらりとしたタイプの場合は、少しヨーグルトを多めにしてもOK。

How to

甘酒ヨーグルトの作り方

炊飯器で甘酒作り

60度に冷ました米に米麹を入れる

炊飯器で柔らかめに炊いたお米（1合）を保温の状態にして水（360ml）を入れ、60度まで冷まします。温度が下がったら生の米麹（400g）を加え、しっかり混ぜます。

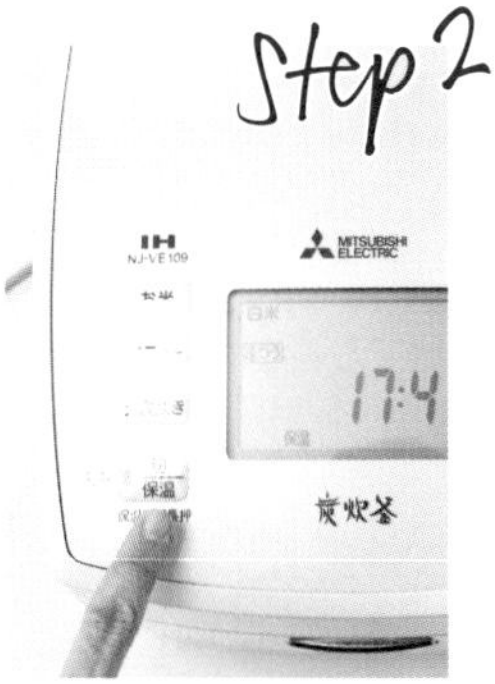

炊飯器の保温機能で55～60度で8時間保温

そのまま炊飯器のふたを閉めて、55～60度に設定し、8時間保温します。保温中に3～4回清潔なしゃもじでかき混ぜると、中の温度が均一になり発酵がうまく進むようになります。

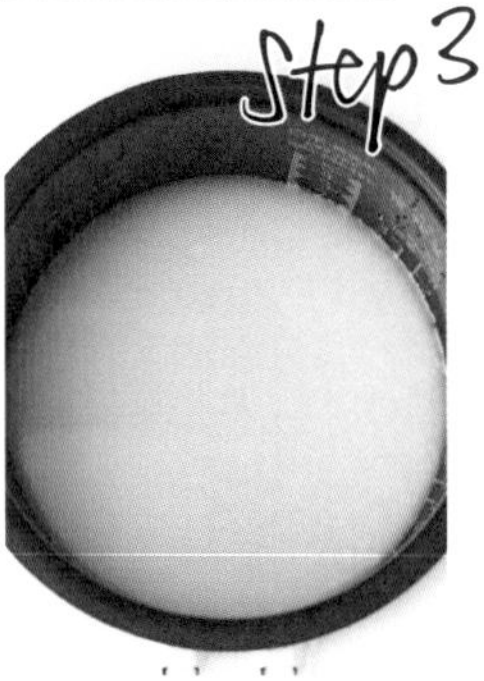

できあがり！1週間から10日保存できます

寝かせて粗熱がとれたら、できあがり！ できあがった甘酒は別の容器に移し替えて、冷蔵庫で1週間～10日ほど保存できます。それ以上保存する場合は冷凍するのがオススメ。

菌たっぷりヨーグルトとブレンド♥

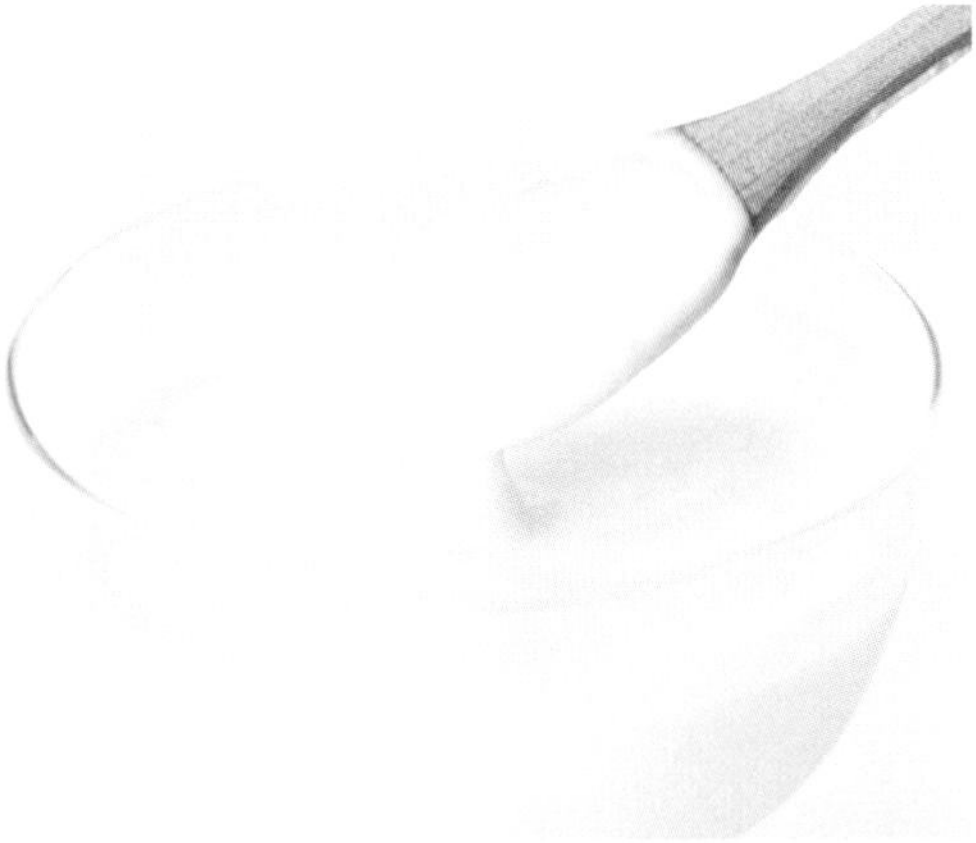

ヨーグルトに自然な甘さがプラスされて美味しい！

ペプチドを含む米麹の甘酒と乳酸菌を含むヨーグルトを一緒に摂ることで、ペプチドが腸内で善玉菌として働くビフィズス菌のエサになってくれるんです♪ 菌の相乗効果が狙える最高の組み合わせ！

Probiotics
菌活編

a 豆乳でも作れる!

アンファーのヨーグルトたね菌 ピュアクリアヨーグルト

たね菌を牛乳or豆乳に入れて24時間でできあがり! 15種2,000億個の菌が入っているから、自分の腸に合った菌が見つかりやすい! 1g×8包 ¥3,195/アンファー

b 腸環境を整えるお手伝い

Esthe Pro Laboの フローラバランスEX グランプロ

漬物や味噌などの発酵食品に存在する植物性乳酸菌を配合。酵素・酵母・乳酸菌の力で腸環境を改善! 1.65g×30包 ¥8,600/Esthe Pro Labo

c サプリで菌を摂取!

KINSのSUPPLEMENTS

生きた乳酸菌と、腸内の菌のエサになる乳酸菌合わせて20種類を配合。毎日の便通も期待できちゃう! 1か月分 ¥9,400/KINS

d 話題のお店のヨーグルト!

CAFE&Yogurtparlor FineDaysの Fine Daysヨーグルト

通常の10倍の乳酸菌を含むヨーグルト。乳酸菌が生きて腸までたくさん届くので、免疫力アップも。ヨーグルト200ml ¥300/CAFE&Yogurtparlor FineDays

e 味も美味しいから続けられる

ドクターズナチュラルレシピの ボタニカルライフプロテイン

豊富なたんぱく質に20種類のスーパーフードが入った植物性のプロテイン。きなこ・抹茶・チョコ味のラインナップ。375g ¥3,195/アンファー

f 必須栄養素のケイ素を補う

ワムのDr.ミネラルK

抗酸化作用やエイジングケアが期待される体内では生成されない栄養素・ケイ素を水に混ぜて簡単に摂取できます。120ml ¥9,000/ワム

a

b

c

d

e

f

美しい肌は、
美しい腸から生まれる。

月1のジュースクレンズorスープクレンズで腸内リセット。

ジュース&スープクレンズは、一定期間固形物を食べず、野菜や果物たっぷりのジュース（スープ）からカラダに必要な栄養素を摂って、胃や腸を休めるプログラムのこと。

いつもフル稼働させている消化器官を休めることで、添加物の多い食事や睡眠不足、運動不足で溜まった毒素をカラダから排出させる目的があります。私は特に、プライベートの予定で食事のバランスが崩れがちな時など、腸をリセットするために行っています。

今まで、色々なクレンズプログラムを試してきましたが、いちばん自分に合っていたのは、1日6種のスープを食べる「クレンジングカフェ」のスープクレンズ。ネットでも購入できるのでとっても便利ですよ（もちろん、お家で作った野菜スープやジュースでクレンズすることもあります！）。

私の場合は、冬に温かいスープクレンズ、夏は冷たいジュースクレンズを行うようにしています。期間は短くて2〜3日、長くて4日かけて行うのですが、初心者の方は1日の数食を置き換える半日だけのプログラムから始めるのがいいかも。クレンズをすると、カラダが日に日に軽くなっていくのを実感できるはずです。

ただし、撮影が朝から晩まで続く忙しい週にクレンズプログラムをすると疲れやすくて頭がぼーっとしちゃうので、3〜4日間家に居られる落ち着いた時期に試しています。

慣れていない人は、好転反応で頭痛や倦怠感などの風邪っぽい症状がでることがあるのですが、デトックスによるカラダの反応なので様子を見ながら挑戦してみて。

How to

スープクレンズってどうやるの？

SOUP CLEANSE（6PACK）￥8,334

スープクレンズのやり方

1日かけて6種類のスープを順番に食べるプログラム。まずは固形物の含まれていないごぼうのスープや空豆のスープから始めるのがオススメ。スープの合間にお水や白湯をたっぷり飲むと、デトックス効果が高まります。

クレンジングカフェ

オーダーを受けてから作るジュースやスープ、おかゆを提供。スロージューサーでゆっくりと果汁を圧搾することで、素材の栄養素が丸ごと入った自然の恵みが詰まった1本に。直営オンラインショップからもオーダー可能です。

CLEANSING CAFE Daikanyama

住所 東京都渋谷区猿楽町9-8 アーバンパーク代官山II 212
電話 03-6277-5336
営業時間 10:00〜19:00
定休日 火曜

腸と肌を潤す食べ物

海藻類

深く関係し合っている腸と肌。腸の中を善玉菌優位の状態に……といっても、なにを食べればいいのでしょう？　ここでは腸から潤う食材をご紹介します。

まず、欠かせないのが食物繊維。特に有害物質を吸着して体外へ運ぶ水溶性食物繊維を積極的に摂取してみて。昆布やわかめなどの海藻類がこれ。水分を多く保持し、粘性で腸の中をゆっくり進みながら掃除してくれます。不溶性に分類される、きのこ類、ごぼう、さつまいもも、腸のぜん動運動を活発にする食べ物です。

次に、善玉菌である乳酸菌その

発酵食品

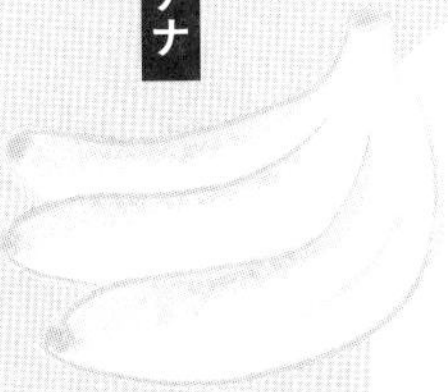

ものを持つ食材として積極的に摂取したいのが、納豆、チーズ、ヨーグルト、キムチ、ピクルス、味噌、漬物などの発酵食品です。

　バナナなどから、善玉菌のエサとなるオリゴ糖や食物繊維と一緒に摂取すると、善玉菌のさらなる増殖にもつながります。

　飲み物は、ワインや日本酒などの醸造酒も酵母菌が豊富。特に二次発酵されている発泡酒はより多く酵母菌が含まれるため、シャンパンは最高！　ほかにも、腸内を善玉菌が過ごしやすい酸性環境に傾ける食材として、お酢ドリンクや酢キャベツ、玉ねぎ酢が◎。

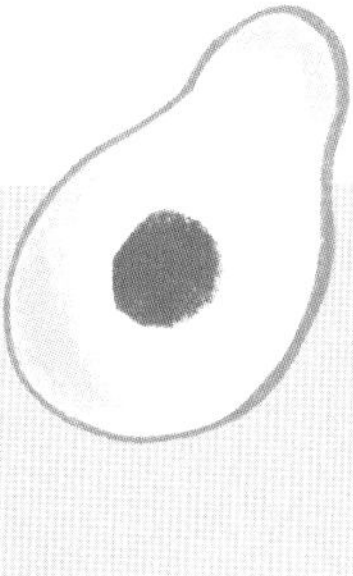

Moeka's FOOD DIARY

1.

1.

WE ARE THE FARMのバーニャカウダ

女子会でよく使う、野菜が美味しいお店。「畑の鉄板焼きバーニャカウダ」というメニューは必ず注文します！

2.

2.

栄養価たっぷりのサラダ

朝ごはんは、薄くスライスしたキュウリやラディッシュ、ブロッコリースプラウトの上に、ポーチドエッグをのせた栄養価たっぷりのサラダを。

3.

3.

CRISP SALAD WORKSのサラダ

いつも「ヒップスター」か「カル・メックス」を注文しています。野菜たっぷりで、満足感もあるので、お腹の空いている日のランチに。

4.

5.

6.

7.

4.

ELLE caféのストロベリーボンボン

こんなにスイートな見た目ですが、ソイクリームを使っていて、とっても低カロリー！

5.

えびの米粉フライ

家族ディナーの日。スパイスハーブとフェンネルたっぷりのタルタルソースを作って、とっても好評でした♥

6.

グルテンフリーの明太クリームレモンパスタ

おうちパスタのレパートリーはいっぱいあるんです♥ 明太子と生クリームで和えて、最後にレモンをひと絞り。

7.

SUPERIORITY BURGER JAPANのヴィーガンバーガー

ニューヨークで行列ができるほど人気のヴィーガンバーガー店。私のお気に入りは、湯葉ときのこのハンバーガー。生のハーブが香り高い♥

8.

8.

蒸し鶏とアボカドのサラダ

低温調理器BONIQを購入したところ、早速ハマってしまいました。中華風のネギドレッシングを添えて。

9.

9.

手作りタコス

友人みんなでタコスパーティー。ひき肉はベジミートで代用し、トルティーヤは米粉で手作り♪ ヘルシーに楽しめるので、ハマりそう！

10.

10.

洋梨とブッラータチーズとナッツのサラダ

朝はブッラータチーズで良質なたんぱく質を摂取！ 朝からフルーツを食べるとテンションもあがる♥

11.

11.

グルテンフリーのザッハトルテ

今年のバレンタインは、米粉を使って、グルテンフリーのザッハトルテを。お料理教室で教えてもらいながら作りました♥

12.

12.

手作りテンペバーガー

テンペは、大豆を発酵させたインドネシア発祥の健康食品。食感はお肉にそっくり。今回は揚げてバーガーにしてみたのですが、家族にも好評でした！

13.

13.

アボカドとサーモンのサラダ

ヘルシーにたんぱく質を摂れるサーモンに、腸の活動を助けるアボカドをトッピング。食べごたえもしっかりあるサラダです。

14.

14.

グルテンフリーの野菜カレーと寝かせ玄米

専用の炊飯器で炊いた寝かせ玄米を野菜たっぷりのカレーと一緒に。ヘルシーだけど、満足感は抜群です！

15.

15.

ベジミートを使った特製ヴィーガンカレー

よく真似して作っている黒柳徹子さんのカレーレシピを、大豆100%のベジミートを使ってアレンジしました。レタスでくるっと巻いて食べると美味しい！

心に不健康なこと、やめてみた。

自分のカラダと心が健康に保てているかどうか——。

なにか迷うことが訪れたら、これを判断基準にしています。

ちゃんと自分のカラダと心を健康にすることに意識を向け始めたら、あまり変なことで悩まなくなりました。

悩みを抱えていたり、精神的になにかに依存してしまう人は、「それって健康なの？」と自分の中で自問自答してみるといいかも。

「健康かどうか」ということを行動の評価基準にすると、自分に優しくできるし、いらないものが分かってくるから。

好きか嫌いかっていう感覚はその時の気分によってもブレるものだし、感情的になっている状態だとなおさら判断がゆらいでしまうものだけど、「健康かどうか」というジャッジは理論的だからブレない。「健康かどうか」には是か非かがハッキリあるんです。

悩んでいると、先行きの見えない不安によって勝手に落ち込んだり、やってしまった過去に対して引きずっている感情があると思うんですが、〝今〟じゃないことで、悩んで心を病むのは、健康的じゃないって考えるようにして。

今、自分を健康にするということ、それがすべての最善だから。そういう選択をすると、自分が幸せになれると思います。健康には未来があるので。

朝、家族みんなで一緒にごはんを食べられるのも、すべてが健康だからこそできること。その判断基準を崩さないようにしていると、ネガティブを寄せ付けない気がするんです。

とはいっても、仕事で、恋愛で、人間関係で、私にも落ち込んでしまうことはあるんですが、そんな時は温度の違うことをしないようにしています。

私の場合、落ち込んでいる時に、心の温度感と違うことをすると、余計に落ち込んでしまうんです。

ストレスを発散するために運動をしたり、ライブに行ったり、楽しいことで紛らわす方法も、もちろんいいと思いますが、できれば自分の温度を保つために、その時の気分に合った映画を観たり、そんな気分の時にしか選ばないであろう音楽を聴いてみたり、逆に暗く過ごしてみたり。

そうしたら、いつの間にか、「なんか元気になってきたから、友達に会いたいな」とか、「外に出てお買い物に行きたいな」とか思うようになってくるんです。

落ち込んでいる時こそ、自分の本当の声が聞こえやすくなる時だと思っているので、その時の気持ちに自分を合わせて、ちゃんと心の声を聞いて過ごしたほうがいいのかなと思っています。

心の健康を保つために、読書はとっても大事。寝室にはたくさんの本を置いています。糸井重里さんの本や、白洲正子さんのエッセイなど、いい思考のヒントをくれる本が好きです。

Chapter 4

筋トレをやめて、
「ほぐすだけ」ボディメイク

「出せるカラダ」に、変えてみた！

Before

細くなるためにトレーニングしているはずが背中もいかつくなり、全体的にカクカクとした四角い体型に。

筋トレするの、やめてみた。

努力するほど、どんどん理想とかけ離れたカラダに

私が「non-no」の専属モデルをしていた頃は、身長が高く、細い体型が当たり前という時代。

みんなより身長が低かったこともあり、自分のカラダに強いコンプレックスがありました。とにかくやせなきゃと、毎日のようにトレーニングに通う日々。

努力の甲斐あって体重は減っていき、カラダ作りはうまくいっていると思っていましたが、ある日ふと自分のカラダを触ったら、「すごく硬い！」と驚いたんです。

華奢な男の子みたいに、カリッと筋肉質で、自分の性格と体型の雰囲気の違いにすごく違和感を覚えました。「私ってこんな体型になりたかったんだっけ？」と。なんでこんなにゴツくなってしまったんだろう、なんでくびれができないんだろう、と悩む日々。

それでも、当時は「モデル＝トレーニング」という強い固定観念が自分の中にあって、色々なジムを渡り歩いている状態でした。

After

まるみをおびた、しなやかな体型に変化。背中が薄くなり、くびれも出現。腕のあたりにぽこっと出ていた強そうな筋肉も自然となくなっていきました。

はじめてみた！ 友美子先生のほぐしメソッド

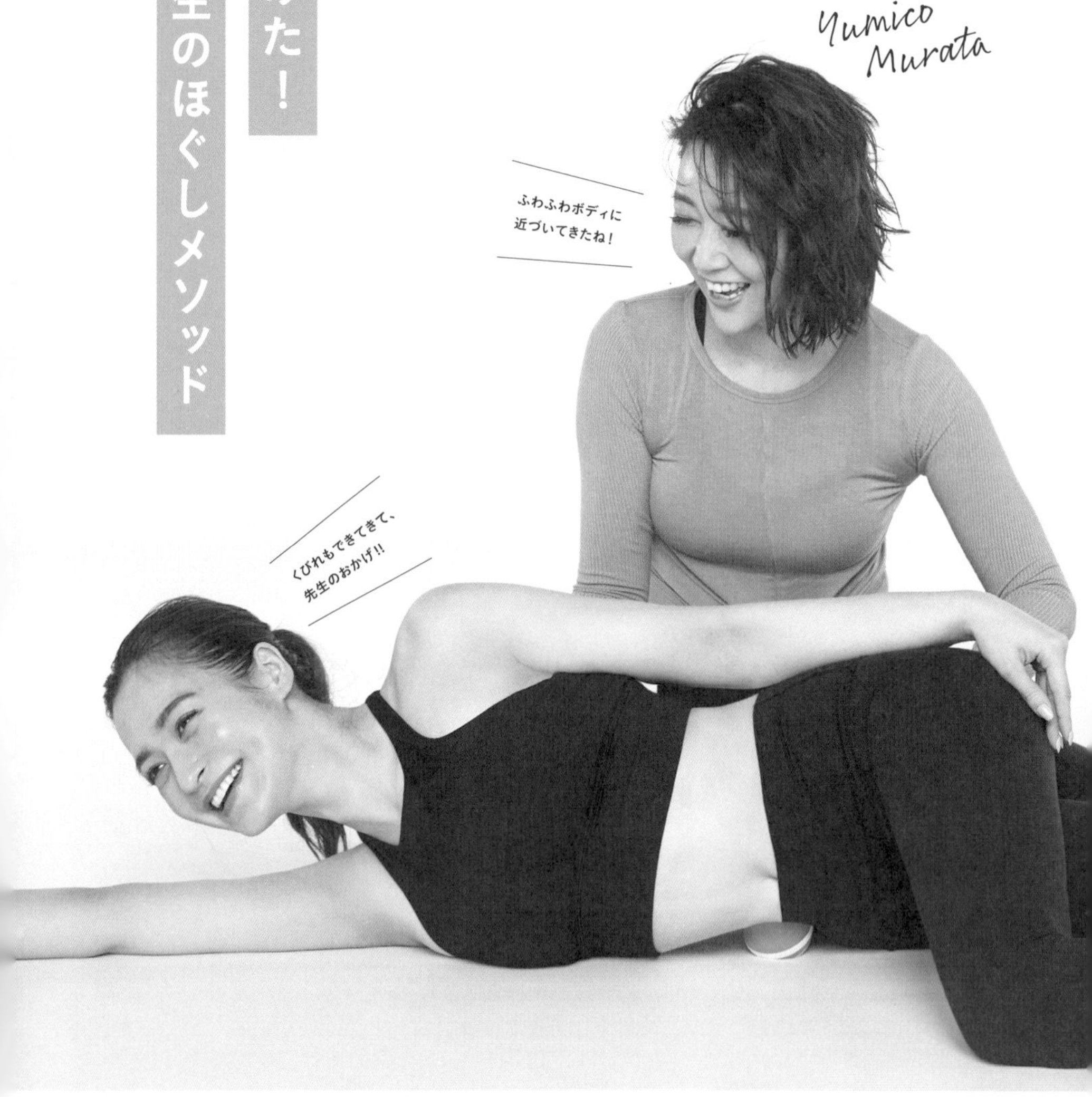
Yumico
Murata
ふわふわボディに
近づいてきたね！
くびれもできてきて、
先生のおかげ!!

みるみる柔らかく、デトックスできるカラダに変化

ある日、インスタグラムで村田友美子先生の存在を知って、「私はこういう少女マンガに出てくる女の子みたいな体型になりたかったのに、なんでいかついカラダになってしまったんだろう……」と思い、すぐに先生のレッスンに通いはじめました。

友美子先生のレッスンは、今までやってきた腹筋や背筋などを鍛えるアウターマッスルのトレーニングとはまったく違い、〝ほぐす〟ことが最優先。通いはじめると、すぐにカラダの変化を感じました。今、通ってちょうど1年になりますが、女性らしいカラダに戻ってきたと感じています。あれだけ努力してトレーニングをしてもまったくできなかった腰のくびれが、背中をほぐすことでラクに手に入ったのです。

レッスンでは、姿勢の保ち方も学びますが、姿勢が正されることで息がしやすくなり、カラダの固まっていた部分が解放されます。それに加え、レッスンの後は便通がとてもよくなります。ほぐすことが、カラダにこれほど変化を与えてくれることに、今でもとても驚いています。

YumiCoreBody代表

村田友美子《むらた・ゆみこ》

3人の子どもを生み育てながら、美しいくびれコアボディを手にする姿勢改善コアトレーナー。ピラティス、体幹トレーニング、整体の資格を取得後、ほぐし、ストレッチ、呼吸と体幹トレーニングの組み合わせにより姿勢を改善する独自のメソッドを考案。「ほぐしメソッド」でボディメイクし、さらにインナーマッスルを強化。女性らしいくびれのあるしなやかなカラダ作りに定評があり、モデルをはじめ、女優、芸能関係者も多く通う。

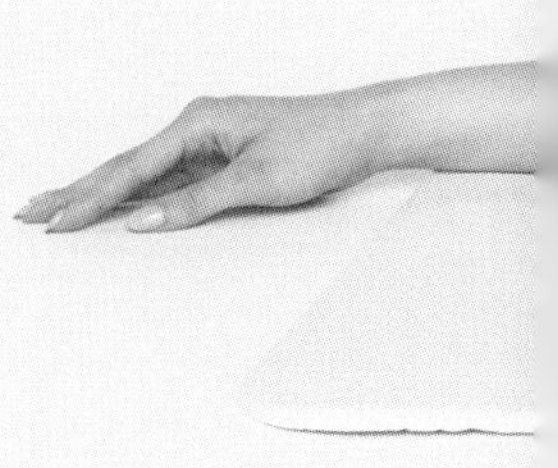

猫背・そり腰をやめてみた。

正しい姿勢を理解したら、息がしやすくなった

友美子先生のレッスンでは、カラダのほぐし方と一緒に、正しい姿勢についてもみっちり教えてもらいます。正しい姿勢とは、「猫背でも、無理矢理胸を突き出すのでもなく、背骨がしなやかに伸び、肩甲骨が少し寄っている状態」。その姿勢を保つことで、巻き肩が解消されて、呼吸もしやすくなった感覚がありました。今では、自分的にも正しい姿勢でいるほうがラクだな、と感じています。

日常生活をする中で、ごはんを食べたり、洗い物をしたり、前かがみの姿勢になることってすごく多いのですが、その状態では肩甲骨が動かせず、正しい姿勢がキープできなくなってしまうんです。

次のページで正しい姿勢を紹介しているので、ぜひご自分の姿勢をチェックしてみてください。正しい姿勢がキープできると、それだけで体型が崩れないと友美子先生はおっしゃっていました。友美子先生はお酒を飲んで酔っ払っても、姿勢をキープできているのがスゴい（笑）。

こんな姿勢だと太りやすい!?

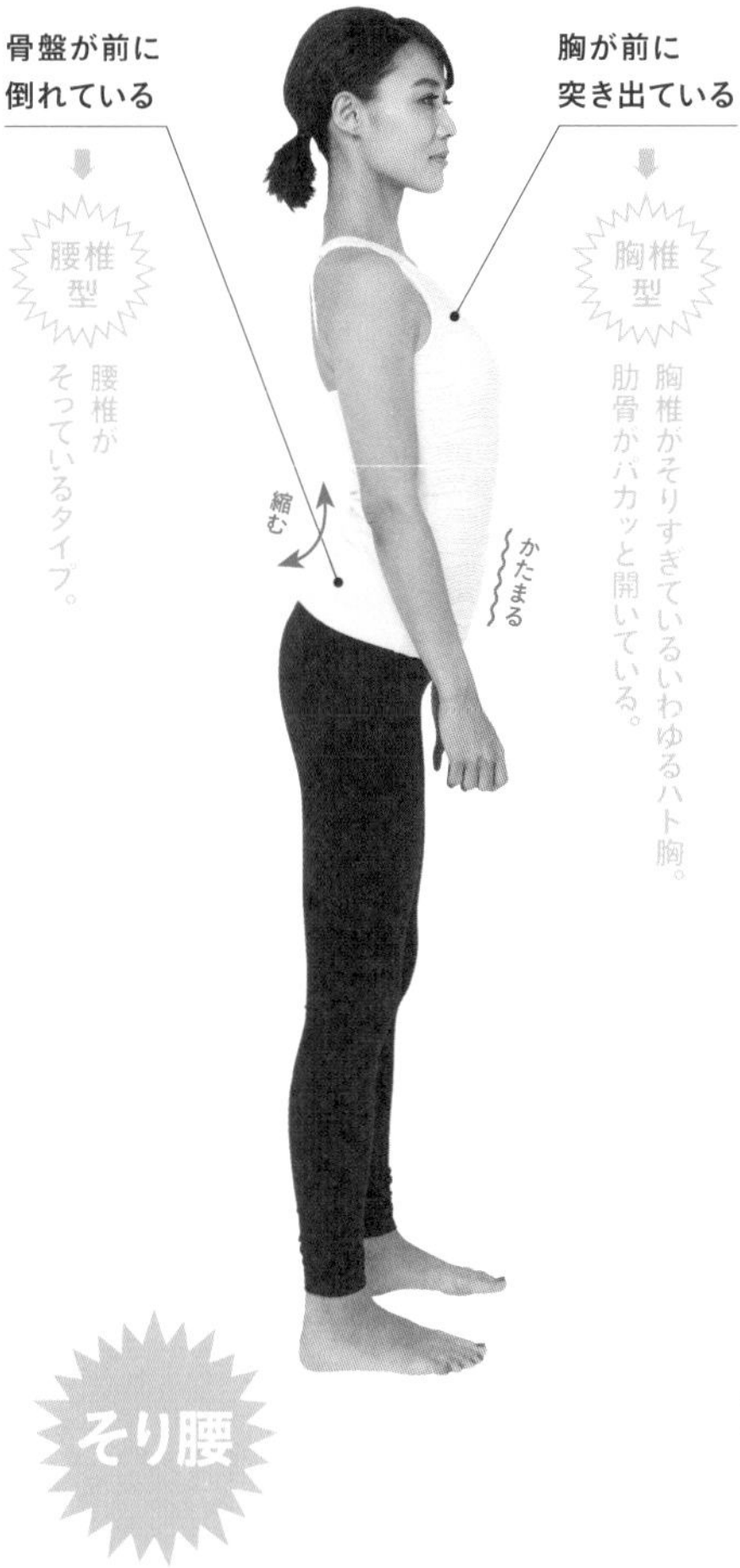
骨盤が前に
倒れている
腰椎型
腰椎がそっているタイプ。
縮む
かたまる
胸が前に
突き出ている
胸椎型
胸椎がそりすぎているいわゆるハト胸。
肋骨がパカッと開いている。

そり腰

ヒールを履く女性に多いのが、そり腰。姿勢を正そうとした時に、間違えてやりがちな姿勢でもあります。腰痛持ちの人は、そり腰の人が多いのも特徴です。骨盤が前に倒れているため、お尻とお腹の力が抜けた状態に。

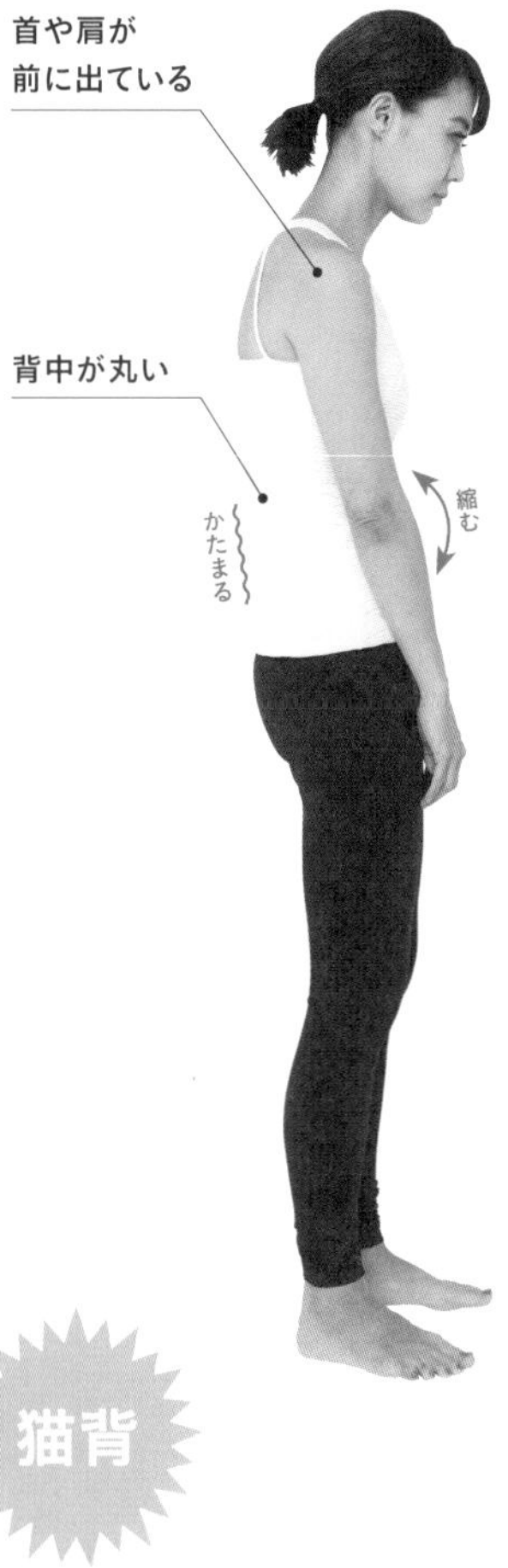
首や肩が
前に出ている
背中が丸い
かたまる
縮む

猫背

スマホやパソコンを頻繁に使用するデスクワーク型の人に多いのが、猫背。長時間の前かがみ姿勢で背中が丸まり、首や肩が内側に入ってしまっています。あごを前へ突き出した姿勢で固まっていて、ぽっこりお腹になりやすい。

とにかく姿勢！

くびれを作る第一歩は、正しい姿勢を手に入れること

正しい姿勢とは、横から見た時に耳・肩・脚の真ん中・ひざのお皿の後ろがすべて一直線に並び、両ひざが正面を向いている状態のこと。つむじの上から1本の糸で吊られている感覚や、カラダにまっすぐな1本の軸が通っている感覚をイメージします。

そして、前の骨盤の位置が床と垂直になるように。分からない場合は前側の2つの骨盤の骨と恥骨で三角形を作り、それが床と垂直になっているか確認して。

また上半身の姿勢で意識したいのが、胸の開きと肩甲骨を寄せること。肋骨を開かずに鎖骨を開くのが正しい姿勢。背中をそらせて胸を張ってしまうと、姿勢が崩れるので注意しましょう。

姿勢が正されると、カラダや骨の間にすき間が生まれ、内臓や骨が正しい位置にはまるようになります。ぽっこりお腹の解消にもつながり、縦に伸びたすらりとした立ち姿に。

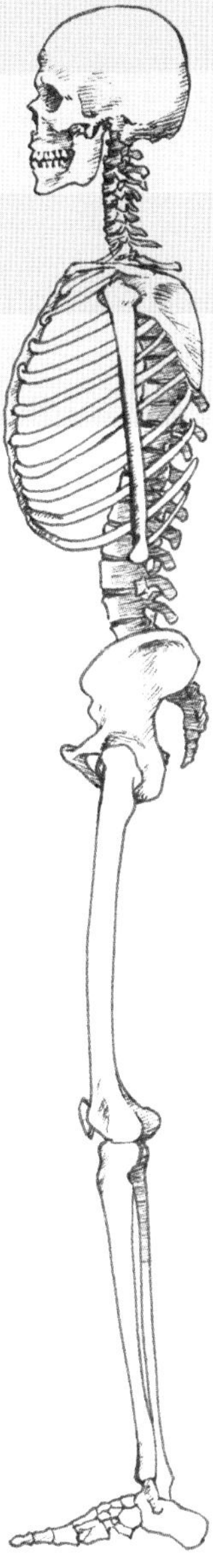

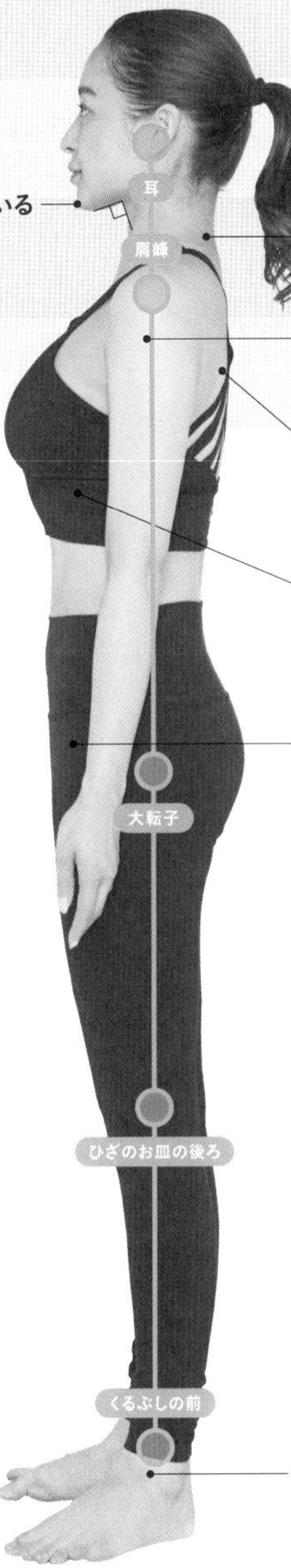
あごの角度が
90度になっている
耳
肩峰
首の後ろが伸びている
肩が自然と引けている
肩を使わず
肩甲骨を軽く寄せる
肋骨がパカッと開かず
閉じている
骨盤の角度が
床と垂直になっている
大転子
ひざのお皿の後ろ
くるぶしの前
重心は内くるぶし

正しい骨盤の
ポジションもCheck!

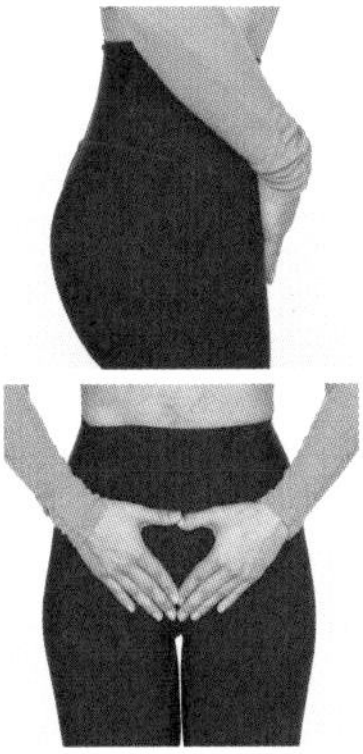

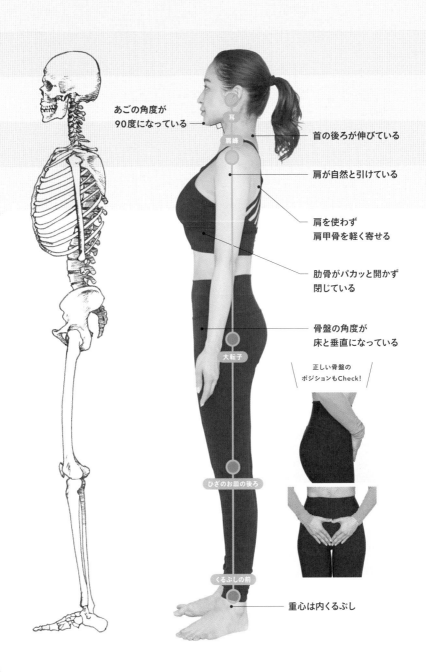

ほぐしてインナー優位に！

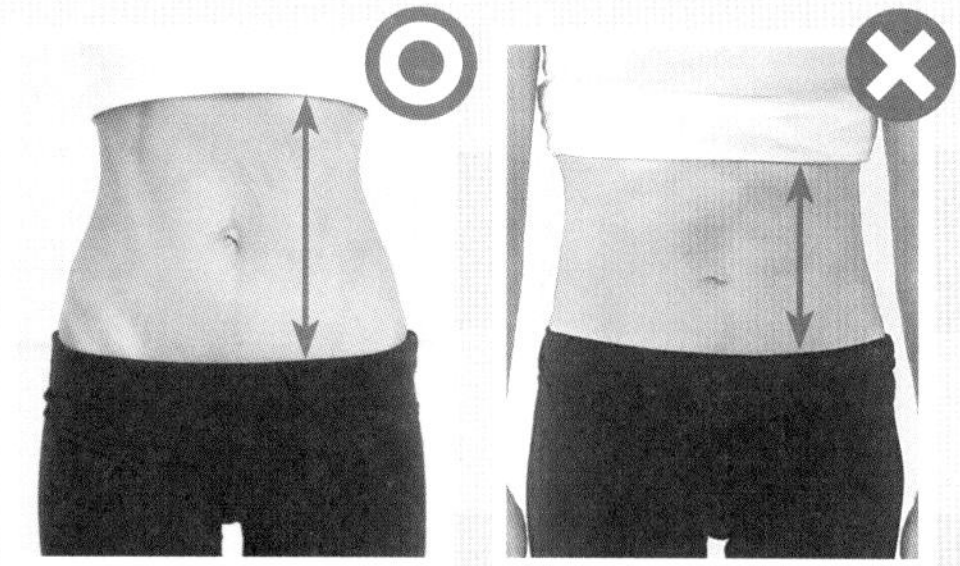

アウターを使うとくびれない！

アウター優位のお腹は、筋肉が縮んで厚みがあり、くびれのない四角いフォルム。インナー優位だとゆるんでインナーに軸があるため、縦に長いフォルムに。

まずはカラダをゆるめることが大前提！

私がそうだったように、無理な筋トレを続けていると、アウターマッスルが優位になり、カラダがガチガチに縮んでいってしまいます。縮んだ状態では呼吸が浅く、姿勢も悪くなりがち。

これをストレッチしながら、ほぐしてゆるめることで、インナーマッスルが働きやすい、縦に伸びたカラダへと変わっていくのです（ほぐし方はＰ１１０から）。

実は、インナーマッスルは意識しないとスイッチが入りません。だから、普通に生活しているだけでは無意識にアウターマッスルを使っている人がほとんど。

例えば、椅子から立つ時、太ももの筋肉を使って立つのは、アウターマッスルを使っている証拠。一方、インナーマッスルを使える人なら、どこにも力を入れず、上から吊られているように引っ張られる感覚で立ち上がることができます。

同じように見えても実は大きな違いがあるのです。

横隔膜を使えるカラダに！

深い呼吸がインナーマッスルを強化する！

インナーマッスルを使えるカラダかどうかは、「呼吸で分かる！」といっても過言ではありません。

みなさんは、息を吸った時に、背中側が膨らんで空気が入っていく感覚はありますか？

深呼吸をしても胸の上部にばかり息が入る人は、横隔膜の上下運動が少なく、浅い呼吸しかできていない可能性が。横隔膜の上下運動が弱い人は、骨盤底筋群の働きも弱く、全体的にぽてーんとした下腹部になりがちです。

また、ウエストのインナーマッスルである腹横筋（コルセット筋とも呼ばれています）も使えていないので、くびれもなし。そんな悪しき浅い呼吸を生み出すのは、姿勢の悪さなのです。

横隔膜を正しく動かせる姿勢になるためには、背中や胸周りの柔軟性が超重要！　肩が後ろに引ける、みぞおち裏あたりがこっていないなど、姿勢保持のためのほぐしを本書で紹介していきます。

【ほぐしの基本】

1. 自重で筋膜に圧をかける

カラダの奥で癒着した筋膜をほぐすには、ピンポイントで圧をかけることがマスト。体重を逃さずにボールにのせることで、表面だけでなく深部まで圧迫します。

2. 圧をかけた状態で伸ばす

圧をかけたまま、カラダを斜めや横など多方向に伸ばすこと。ゆっくりと動かしながらストレッチすることで、硬く縮んだ筋膜の癒着を伸ばします。

3. 呼吸は止めず、リラックス

息を止めるとカラダに力が入って、アウターマッスルを使ってしまうので注意。痛くても呼吸を止めずにリラックスした状態で、カラダの力を抜き、ゆっくり息を吐きながらほぐします。

友美子先生の本♥

膣締めるだけ ダイエット

友美子先生のメソッドをぎゅっと1冊に凝縮! くびれに特化した女性らしいカラダを作るメソッドを分かりやすく紹介。¥1,400/ワニブックス

使用するボール

友美子先生が開発! 万能ボール

Hoggsy
(ホグッシー)

or

100均で買えるほぐしボール

テニスボール

友美子先生が開発したホグッシーは、筋に入り込むように白い面が柔らかめ、青い面が硬めの構造。絶妙なサイズと硬さで、カラダにぐいっとフィット。ほぐす場所や状態に合わせて当てる面を変えて使用できます。Amazonで購入可能。ホグッシー ¥4,980(税込)

ほぐす時、ココに注意！

ボールを当てる位置は正確に

圧をかける位置がずれると、きちんとほぐせなくなるので注意。ポイントによっては神経が刺激され、しびれなどの症状が出る場合もあるので、正しい位置を確認しましょう。

骨の上にはボールを置かない

鎖骨や肋骨など、比較的細めの骨に強い圧がかかると、骨折やヒビの原因になります。骨の上ではなく、きちんと筋肉に当たっているか確認すること。

そり腰にならないよう意識

腰がそった状態で、圧をかけても筋膜にしっかりとボールが当たらず、ほぐす力が弱くなってしまいます。張らせた筋にボールを当てることが大切。

痛すぎるポイントは中断を

きちんとほぐすと、ある程度の痛みが伴うもの。ただし、カラダがこわばるほど強い痛みがある場合や指先までしびれるなどの場合は中断を。

適度な時間におさめる

しっかりほぐしたいからといって、長くやりすぎるのはNG。筋膜を傷めてしまったり、しびれが出てしまう場合もあります。1か所につき、90秒が目安です。

Let's Try!

Check!

ある程度の痛みを感じているか

痛みは筋膜が癒着しているポイントを的確に狙えている証拠。痛みを感じない場合は、ボールを置く場所がずれていたり、圧が足りていない可能性があるので再確認を。

ハリ感を解消できているか

前ももなど、アウターマッスルが優位に働いている場所は、筋が硬く張っているもの。しっかり伸ばすことでハリが解消され、しなやかなカラダに。

柔らかくなっているか

ハリ感が減った状態で、ほぐしトレーニングを行うとカラダはさらに柔らかく変化します。これがほぐしの最終ステップ。トレーニングを続けて、柔らかい状態を目指して。

持病のある方や、不安のある方は主治医に相談の上、行ってください。

中《ちゅう》臀《でん》筋《きん》

お尻の外側上部にある中臀筋は、デスクワークが
多い人や腰痛持ちの人が特にこり固まりがちな部位。
ここをほぐすことで、そり腰が解消され美尻につながります。

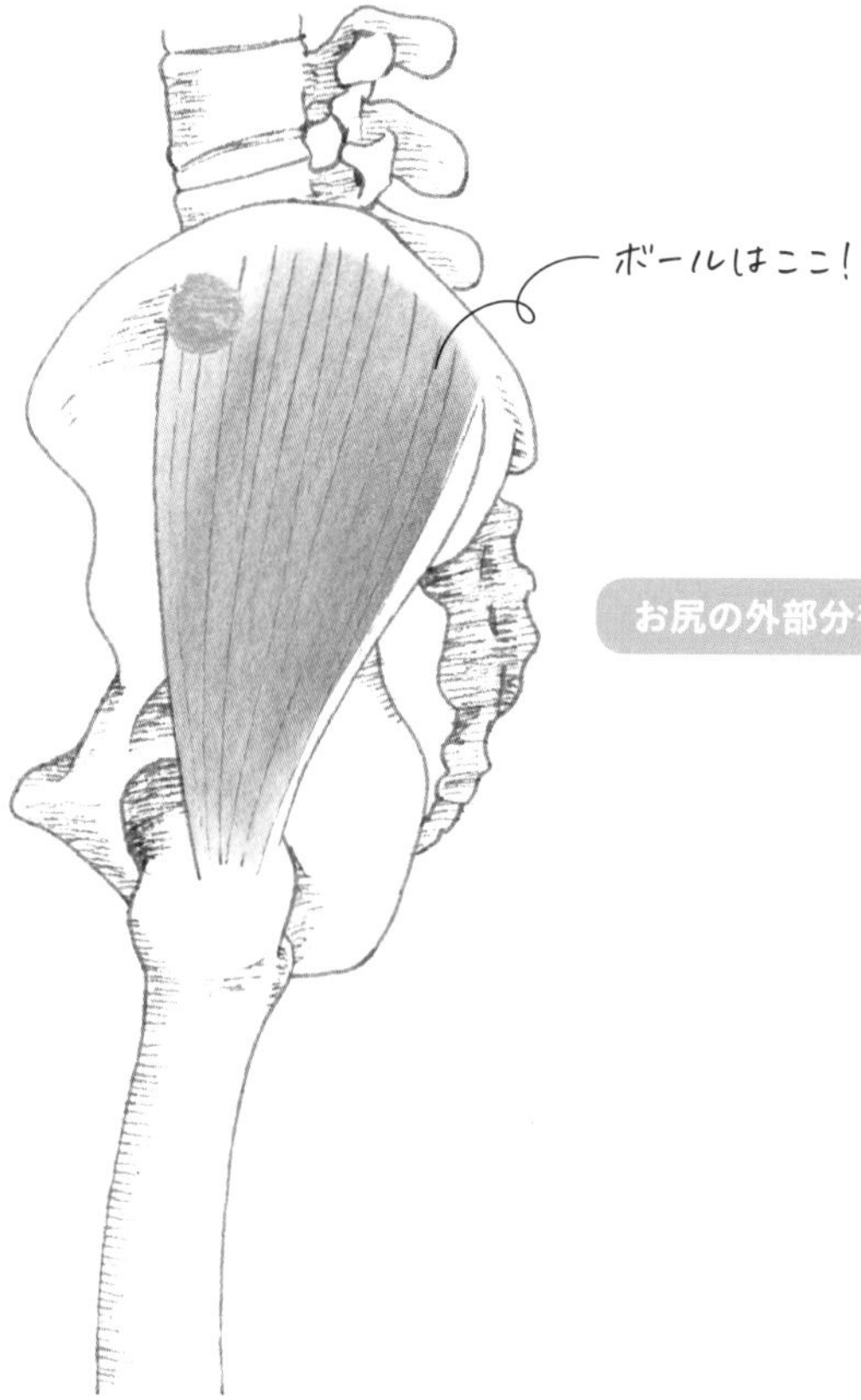

お尻の外部分を形成

Yumico's Point!

息を吐く時にグーっとボールを
深く沈み込ませていきましょう!

左右各
90秒

1. ## 骨盤の真横にボールを置き、そのまま仰向けになる
2. ## ボールがある方の脚先を反対のひざへのせる
3. ## ボールに体重をあずけ、少しずつ右から
お尻の横側のコリをほぐす

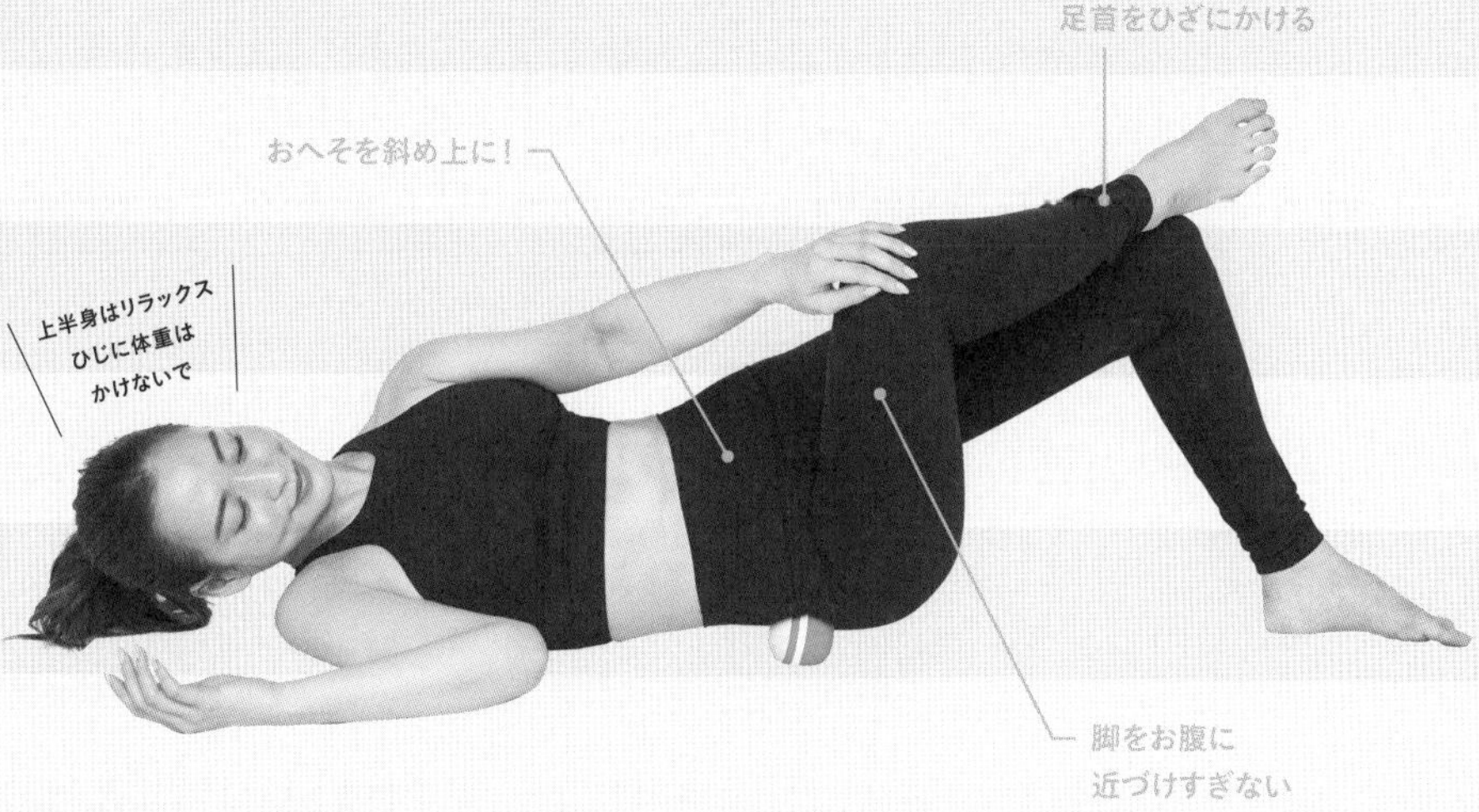
足首をひざにかける
おへそを斜め上に！
上半身はリラックス
ひじに体重は
かけないで
脚をお腹に
近づけすぎない

✕

背中に自重がかかってしまうのはNG

痛いと思いますが、あくまでも体重はボールの上に。ひざをお腹に近づけると、重心が頭から背中側にずれてしまうため、片脚は必ず床につけたままで行うこと。

腹《ふく》斜《しゃ》筋《きん》

**くびれ作りに効果的な腹斜筋は、骨盤を覆う筋肉で
カラダをひねる時に使う部分。日常生活で
あまり使わないため、固まって縮んでいることが多い。**

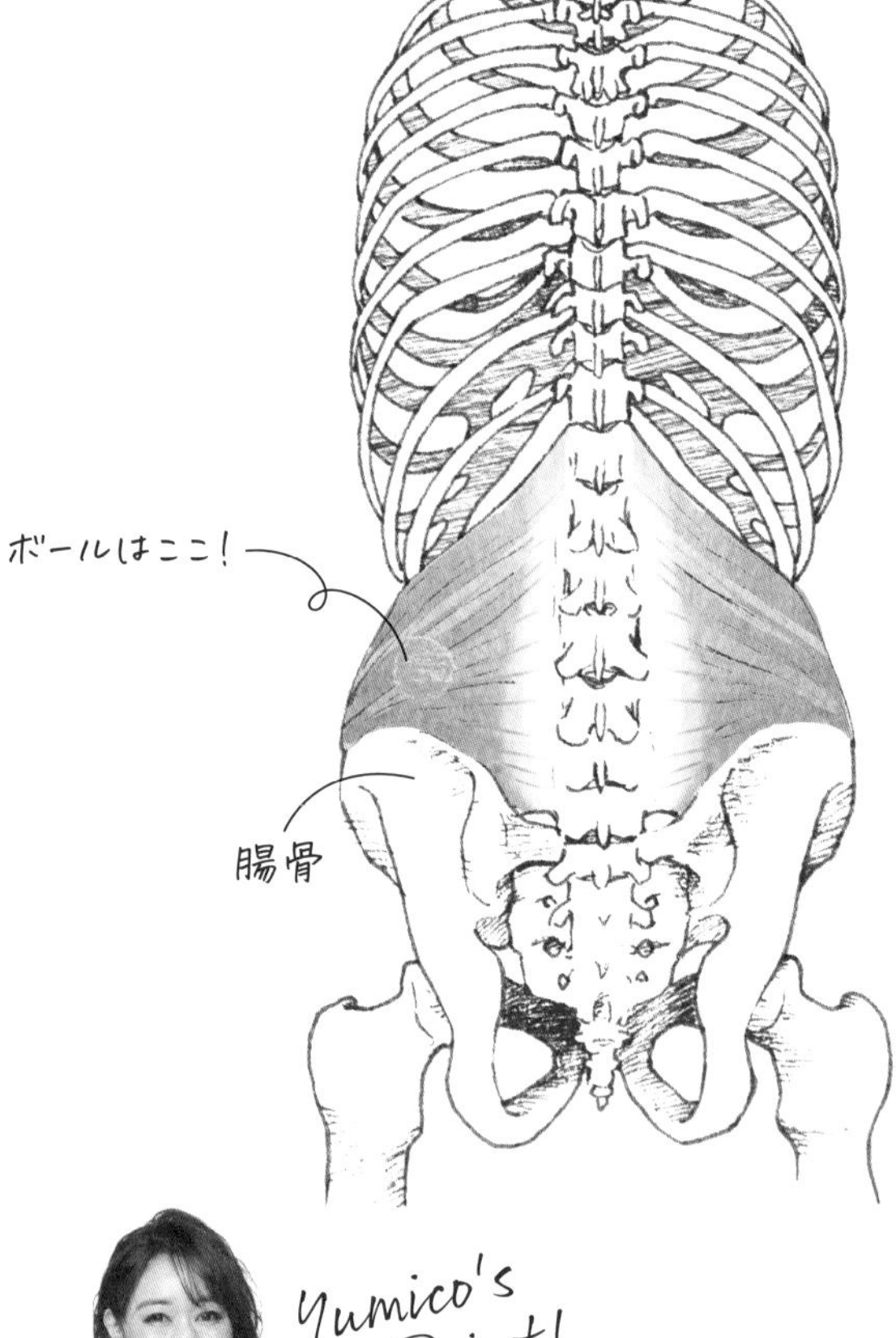

**あばら骨の下から、
脚の付け根までを形成**

Yumico's Point!

**より強い圧をかけたい人は、
ひざを胸に近づけるように上げてもOK**

左右各

90秒

1. 骨盤上部にボールを置き、そのまま横向きになる
2. 背中は伸ばして、手も一直線にし、上の脚を軽く曲げる
3. 腸骨に沿うようにボールをすべらせ、ほぐす

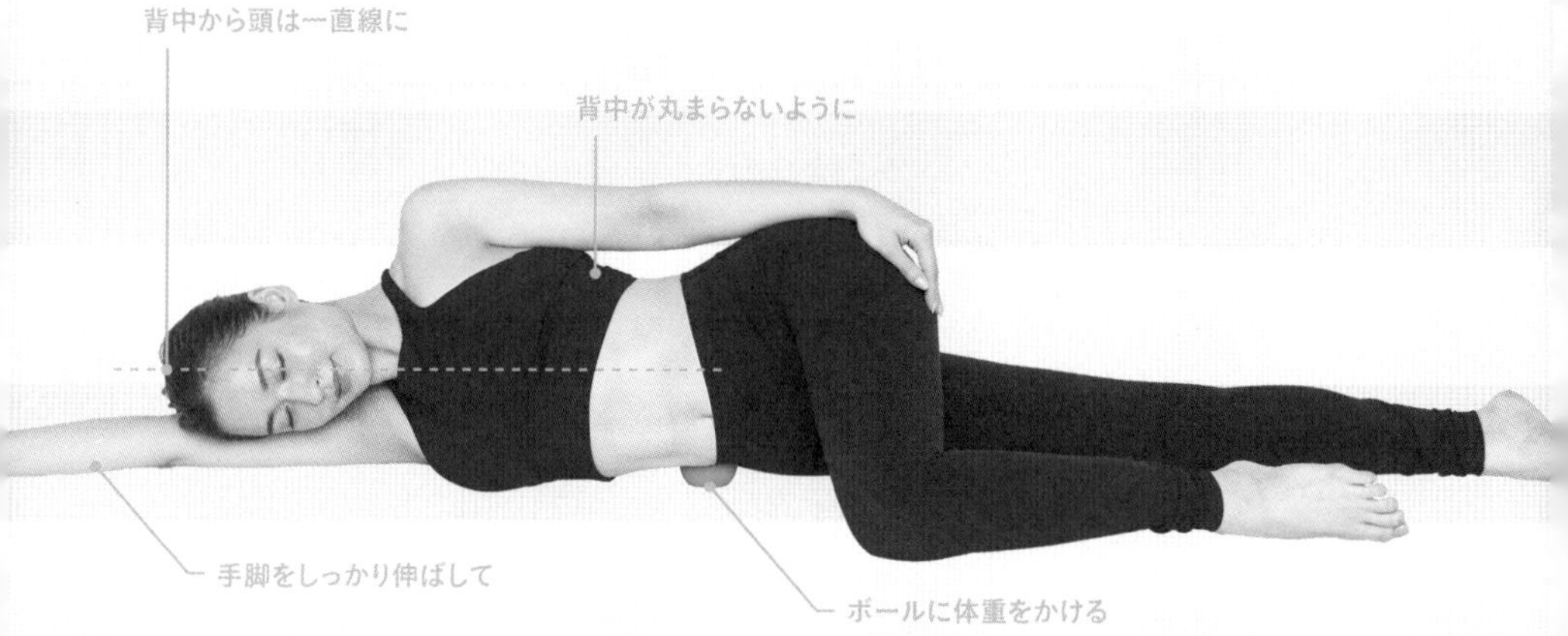

背中から頭は一直線に
背中が丸まらないように
手脚をしっかり伸ばして
ボールに体重をかける

✕

首に力が入らないよう注意する

背中を伸ばす際は、力んで首にまで力が入らないよう注意しましょう。上半身はリラックスさせ、カラダの軸だけまっすぐになるように意識してみて。

腸《ちょう》腰《よう》筋《きん》

前ももと腰をつなぎ、姿勢を支える筋肉。
股関節を曲げ、骨盤を立てる働きをしている部分。
ほぐすことで腰痛改善にも効果あり。

背骨と股関節をつなげる
重要なインナーマッスル

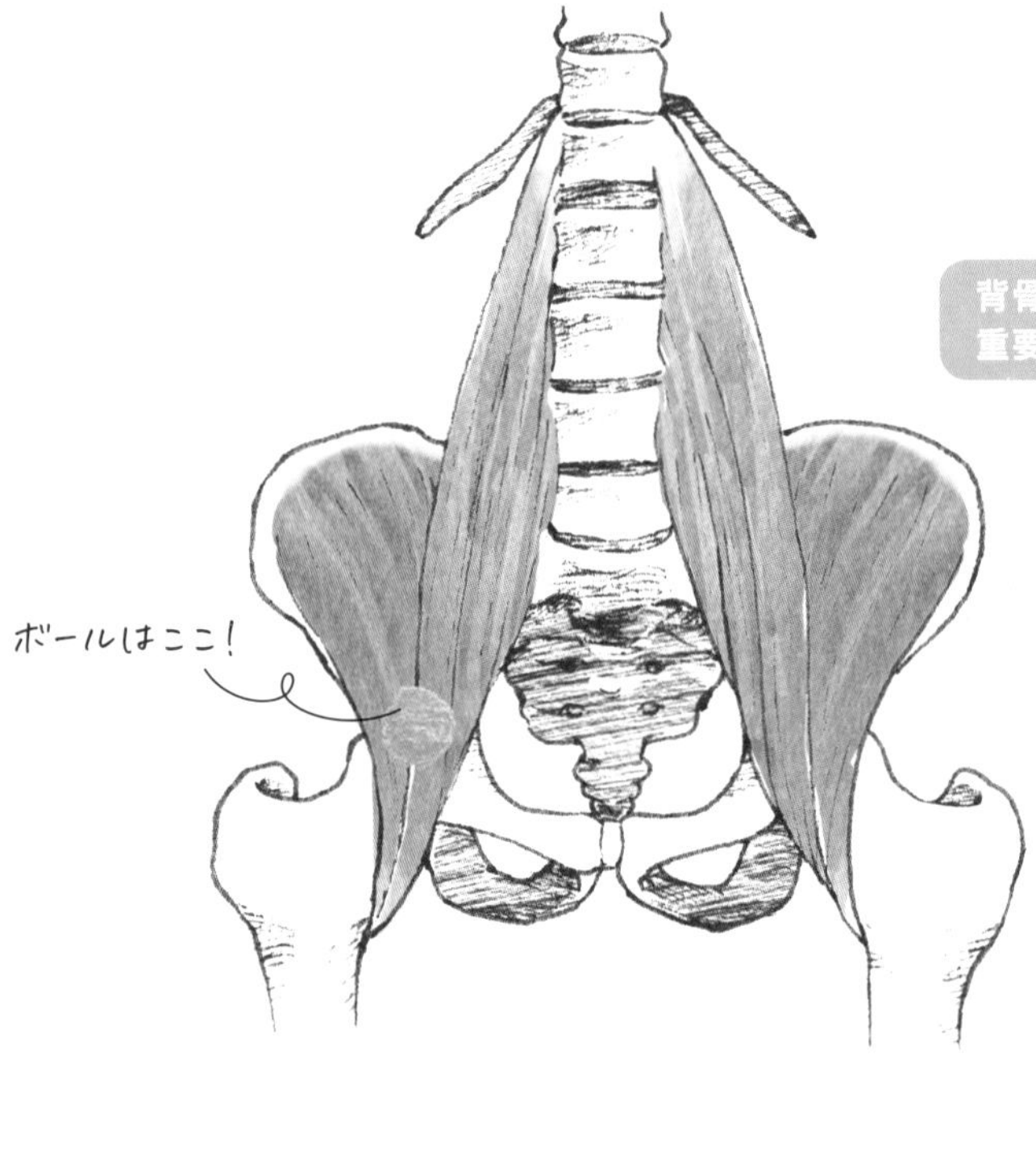

Yumico's Point!

そけい部の奥の方にある筋肉なので、
ボールをしっかり沈み込ませせましょう

左右各
90秒

1. **そけい部よりやや上にボールを置き、うつ伏せに**
2. **片脚を上へ曲げ、ボールに体重をかける**
3. **骨盤を床に押しあててから圧をかける**

上半身が丸まらないように！
恥骨を床に押すイメージ
ボールが見えなくなるくらいまで
グーッとそけい部に沈み込ませる

✕

腕は遠い位置に置く

上半身が丸まっていると、自重のかかる圧が弱くなってしまうので、背中をまっすぐ伸ばして、腕はできるだけ遠くへ。

脊柱《せきちゅう》起《き》立《りつ》筋《きん》

背骨の左右に分かれてついている筋肉で、
腰から首にかけて背筋を支える役目を担う。
固まりやすい、骨盤に近い部分を重点的にほぐすこと。

背骨に沿って左右に位置

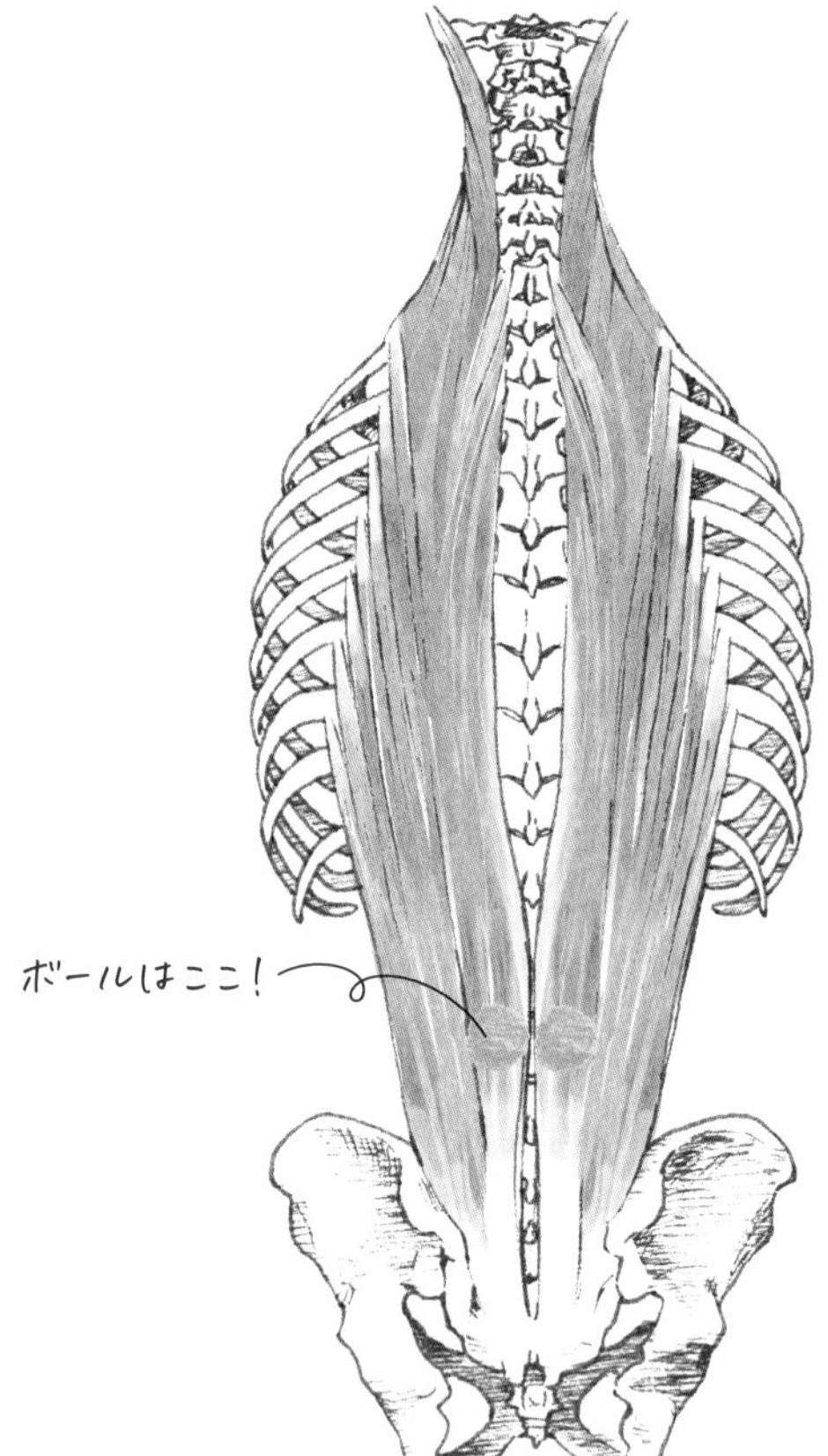

Yumico's Point!

より強い圧をかけたい人は、
片ひざを胸に寄せて!

左右各

90秒

1 **背骨の骨盤に近い部分にボールを置き、仰向けになる**

2 **背中はまっすぐ伸ばす**

3 **背骨に沿うように上下にボールをすべらせる**

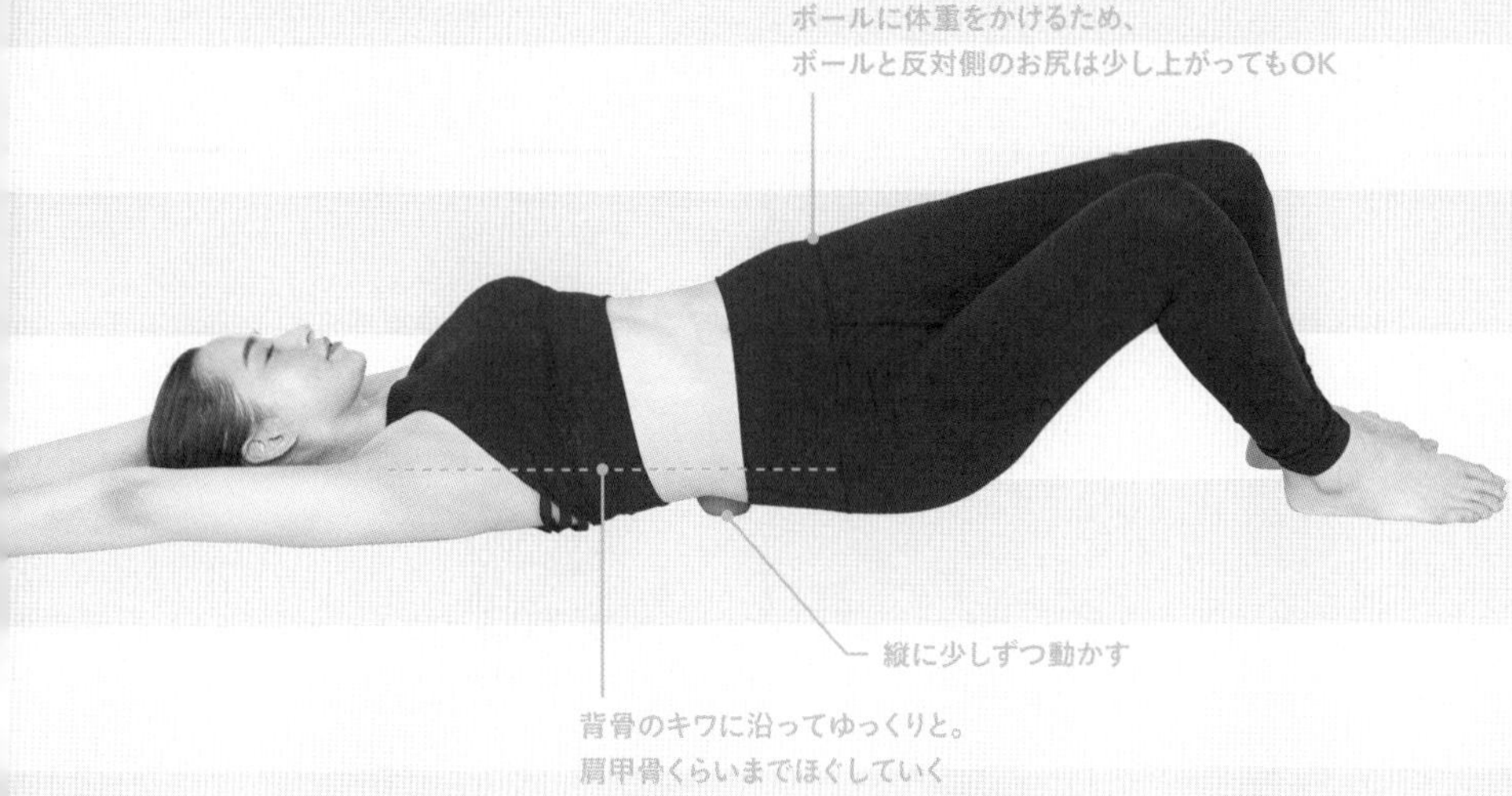
ボールに体重をかけるため、
ボールと反対側のお尻は少し上がってもOK
縦に少しずつ動かす
背骨のキワに沿ってゆっくりと。
肩甲骨くらいまでほぐしていく

✕

少しでも位置がずれると悪影響に！

上下にボールを転がす際は、背骨のキワからずれないように注意。背骨に直接ボールを当てないこと。

小《しょう》胸《きょう》筋《きん》

鎖骨と肩の間のくぼみにある筋肉。
デスクワークなどの影響から縮みがち。
背中も丸まりやすくなるので、ほぐすことで猫背が解消します。

大胸筋の下に位置

肩の付け根のくぼみの部分

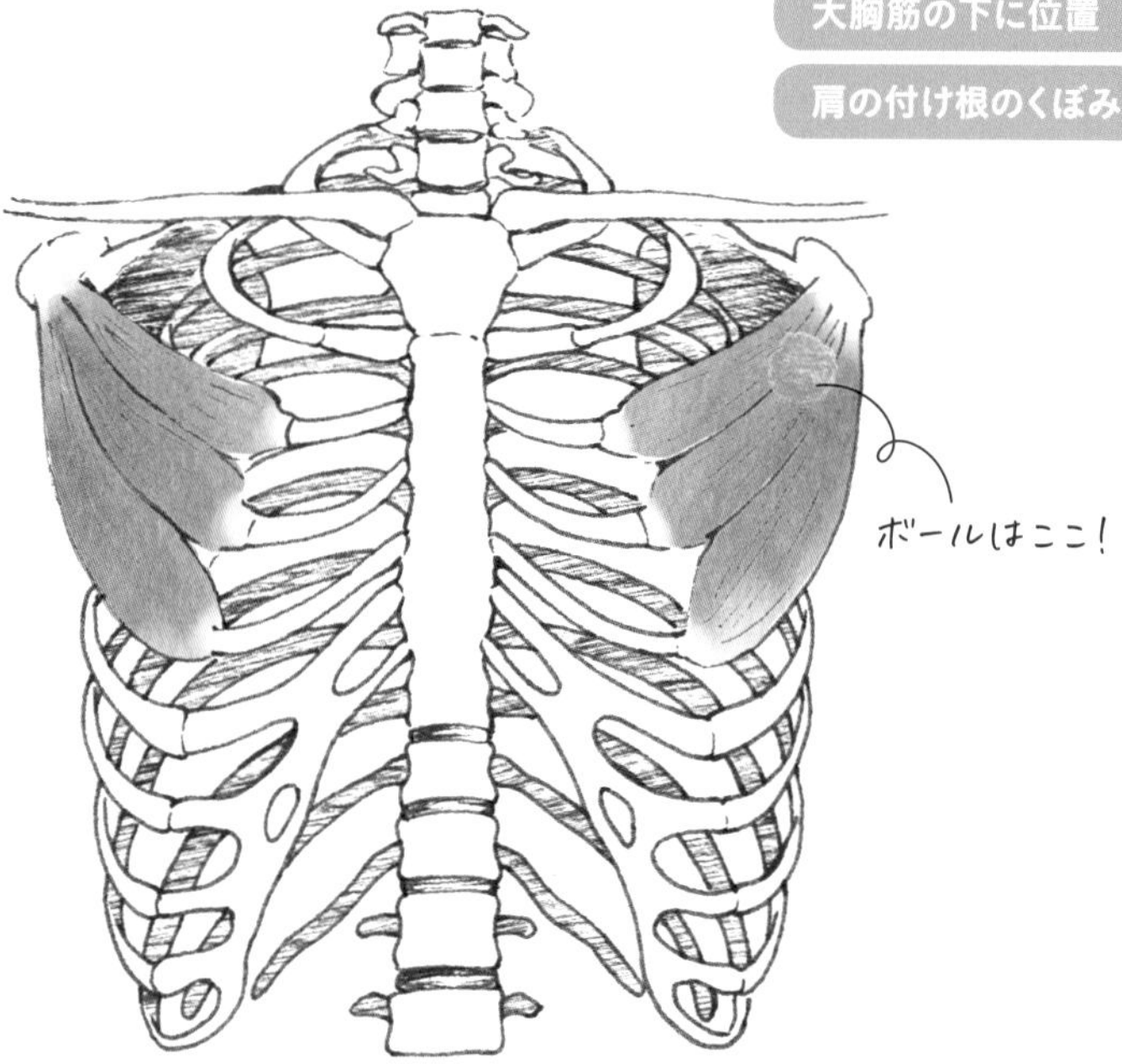

Yumico's Point!

脚をやや前に出す体勢で
バランスをとって

左右各
90秒

1. **脇と胸の間にボールを置き、横向きになる**
2. **肩を後ろに引き、胸を張る**
3. **上肢に体重をかけてからボールを少しずつ動かす**

肩を後ろに引く
脚は少し曲げる
鎖骨に当たらないよう注意
くぼみの奥の筋肉をほぐす

デリケートな部分なので慎重に

下側の手で、しっかりとバランスをとって、ボールが転がらないよう注意。鎖骨をボールで押してしまうと、骨にヒビが入る原因にもなるので、肩のくぼみに当ててください。

——お互いの第一印象は？

萌香　先生をはじめて見た時に、少女漫画から出てきたみたいなカラダをしているなと思ったんです。『ご近所物語』に出てくるナイスバディ子みたいだなって（笑）。

友美子　少女漫画から出てきたなんて、その言葉のままお返ししますよ！　はじめて会った時は、同じ人間じゃないような透明感に驚きました。カラダを見る仕事をしているので、カラダを見るとどんな性格かなんとなく分かってしまうんですが、萌香ちゃんは、すごく素直なんだなっていうのが初対面で分かりました。だから、一生懸命教えたら、カラダも変わるんじゃないかなって。最初はインスタのＤＭで連絡をくれたんだよね？

カラダを見て、素直な子なんだなとすぐ分かりました。

YumiCoreBody 代表

村田友美子

Yumico Murata

Talk

萌香　先生のことはインスタで知ったんです。〝くびれ母ちゃん〟ってなんだろう？　って。そこから、自分でDMを送り、今は先生の元でトレーニングをして1年になります。

友美子　出会った時の萌香ちゃんは、アウターのトレーニングをすごくしてたから、お腹も硬くて。「かわいいお顔に、そのカラダは合わなくない？」って、一言目くらいで指摘したよね。

萌香　先生に出会う前は、モデルなら、鍛えてやせていて当たり前だと思っていたし、「腹筋・背筋１００回！」という軍隊みたいなトレーニングにも通っていたんですが、ストイックにがんばっても、なかなか自分がなりたいカラダに近づかないことがすごくストレスになっちゃって……。

モデル 野崎萌香

アウターを鍛えていた私には
先生の教えがとても新鮮でした。

Moeka Nozaki

Cross

くびれを作るため、背骨を柔らかくするトレーニングを中心に。

そんな時に先生が、「太っててもいいからとにかくお腹を柔らかくしなさい!」ってズバッと言ってくれて。〝ほぐすこと、ゆるめること〟がいかに大事かということを教えてくれたんです。それをやっていたら呼吸がしやすく、カラダも動かしやすくなって、これはお年寄りにもいいんじゃないかって、おばあちゃんのところにホグッシーを持っていって、教えてあげたりもしました（笑）。それくらい、先生のほぐしメソッドは私にとって新しい感覚だったんです。

――どんなメニューを中心にトレーニングを行いましたか？

友美子　くびれを作るため、背骨を柔らかくすることを中心に指導しました。あとは、肩甲骨を回す練習。肩甲骨を動かすことができないと、やせずらいので、筋肉を使わずに骨を使って動かすことを意識してもらいました。はじめはすごく痛がって、ちょっと泣いたりしてたよね（笑）。

萌香　痛すぎて泣きながら笑ってました（笑）。今までは「ウエストのくびれを作りたいなら腹筋を！」と教えられていたので、〝くびれのために背中をほぐす〟というやり方にはとても驚きました。

友美子　腹筋をする時って、お腹を丸めるじゃないですか。でも、お腹がつぶれた時点でくびれってできないんですよね。くびれっていうのは後ろ側からできるものなので。

萌香　先生のレッスンをちゃんと行ったあとは、ハードな動きをしたわけじゃないのに、アウタートレーニングをした時よりも１００倍くらいの筋肉痛が襲ってくるんです。今までは、75キロのバーベルとか上げていたのに、重りもなにもつけないインナーマッスルのトレーニングでは、3回くらいで限界が来ちゃうんです。

友美子　ちゃんとカラダの中のインナーマッスルを使って動かすと、１００回できるものが3回くらいしかできないんですよね。ポジションを守りながらインナーを動かすのって、すごくキツいんです。

萌香　動かす気があっても、私のインナーマッスルが〝もやし〟くらいの力しかなくって、動け！　って思っても動かないんですよね。

友美子　やる気とかではどうにもならない部分だから。そのもやしのような筋肉でもちゃんと脳が認識すればコントロールできるようになってくる。その認識を高めるために〝ほぐし〟が大切なんです。

――1年経ってみて、カラダはどう変化しましたか？

友美子　今はすごいやせてるよね！　萌香ちゃんは、生活のサイクルがカラダに出やすい。性格と一緒でカラダも素直なタイプなんだと思うんですけど、今は姿勢もすごく意識できてるよね。

やる気ではどうにもならないほど、インナーマッスルを鍛えることは大変。

萌香　先生の教室に通っていない間も、言われた教えはきちんと守っているつもりです。毎回、帰る直前まで「肩甲骨寄せてね」「姿勢違うでしょ？」って、ずっと言われてるので、もう染み付いています（笑）。ただ、ふとした時に抜けちゃったりするので、どんな時でもきれいな姿勢を保てるようにもっと習慣づけたいですね。

友美子　萌香ちゃんの理想のカラダって、どんなカラダ？

萌香　胸もお尻もちゃんとあるけれど、手足は華奢で、柔らかくて、マシュマロみたいなカラダです。

友美子　じゃあ、まだもうちょっとほぐしとインナートレーニングで変えていこうかな！　それができたら卒業しても大丈夫！

萌香　先生みたいなナイスバディ子になれるようにがんばります！

30歳を前に自分に合う
美容法にようやくたどり着いた

私はもともと肌が弱く、小学生の頃から毎日欠かさずに日焼け止めを塗っていました。

その時、肌に合わずにかぶれてしまう商品もありました。そんなことから、色々な日焼け止めを比較して、自分に合うものを探したことが、美容法やコスメを追求するようになったきっかけです。

コスメも美容法も「自分に合うかどうか」がいちばん大事。これからやってくる30代は、「心の声」をちゃんと聞いて「やりたいこと」を伸ばしていきたい。

自分から色々なことをもっと発信して、ファンのみんなや美容で悩んでいる人たちの助けになりたい。

そして、これからも美容の知識や技術を高めていきたいと思っています。この本を手に取ってくれて嬉しく思います。

読んでくれてありがとう。

2020年4月
野崎萌香

本書掲載商品の問い合わせ先

CAFE&Yogurtparlor FineDays ☎03-6432-5051
DAISO https://www.daiso-sangyo.co.jp/
Estella.K https://estella-k.com/
Esthe Pro Labo ☎0120-911-854
HARUNA株式会社 お客様相談窓口（CHABAA） ☎0120-50-7177
KINS ☎03-6820-0133
Lily Brown ルミネエスト新宿店 ☎03-6457-8555
Live Active カスタマーサービス（プロティア・ジャパン） ☎0120-085-048
masyome http://www.jfitky.com
MONE https://mone.site
RUIEN http://ruien.jp
SHIRO カスタマーサポート ☎0120-275-606
SNIDEL ルミネ新宿2店 ☎03-3345-5357
SouGo カミツレ研究所 ☎0120-57-8320
styling/新宿ルミネ1店 ☎03-6302-0213
アガット ☎0800-300-3314
アプレドゥマン ☎03-6274-8533
アリエルトレーディング（ファミュ） ☎0120-201-790
アルファネット（アールエムエス ビューティー） ☎03-6427-8177
アンファー ☎0120-722-002
アンプリチュード ☎0120-781-811
イニスフリー お客様相談室 ☎0800-800-8969
株式会社エール（リッシュ） ☎03-6435-0113
エスティ ローダー カスタマーサービス ☎0120-950-771
株式会社エトヴォス ☎0120-0477-80
エビス ノブクリニック ☎03-5784-2342
（有）エム・アール・アイ（ジェーン・アイルデール） ☎03-6419-7368
大高酵素愛用者センター ☎0134-54-0770
花王（プリマヴィスタ、ソフィーナ） ☎0120-165-691
カドー伊勢丹新宿店 ☎03-3351-5586
クレ・ド・ポー ボーテお客さま窓口 ☎0120-86-1982
ゲラン お客様窓口 ☎0120-140-677
コードナイン ☎03-6712-6270
サンタ・マリア・ノヴェッラ銀座 ☎03-3572-2694
サンポークリエイト ☎082-248-6226
シーボディ フリーダイヤル ☎0120-777-723
スキンアウェア 東京ミッドタウン日比谷 ☎03-6206-1871
ストックマン ☎03-3796-6851
生活の木 お客様サービス係 ☎0120-175-082
セルヴォーク ☎03-3261-2892
ツムラお客様相談窓口 ☎0120-329-930
トーン ☎03-5774-5565
ノジェス ☎0800-300-3315
株式会社バスクリン お客様相談室 ☎0120-39-8496
バブルスター株式会社（LoHAStyle）☎046-211-9003
パルファム ジバンシイ［LVMHフレグランスブランズ］ ☎03-3264-3941
パルファン・クリスチャン・ディオール ☎03-3239-0618
株式会社フク（アスリチア） ☎03-5888-4656
有限会社福亀堂 ☎0739-42-3760
株式会社フィッツコーポレーション（エビアン） ☎03-6892-1332
ヘルシーカンパニー ☎082-870-0686
ヘンプフーズジャパン ☎03-6434-0369
ボビイ ブラウン ☎0570-003-770
メイクアップフォーエバー ☎03-3263-9321
メイベリン ニューヨーク お客様相談室 ☎03-6911-8585
モイスティーヌ事業部 ☎0120-4879-39
ランコム お客様相談室 ☎0120-483-666
リ デザイン ☎03-6447-1264
ロレアル パリ お客様相談室 ☎0570-783053
ローラ メルシエ ジャパン ☎0120-343-432
株式会社ワム ☎03-5428-8611

※本書掲載商品の価格は全て税抜き表記です。

衣装クレジット

カバー：白ブラウス/リ デザイン（エズミ）
P24：白Tシャツ/ストックマン（オットダム）
P39：ボリュームブラウス/コードナイン（アウラアイラ）
イヤリング，ピアスチャーム/アガット ピンキーリング/ノジェス
P40：イヤカフにしたパールイヤリング/サンポークリエイト（mimi33）
ピンキーリング/RUIEN その他/スタイリスト私物
P47：レーストップス/Estella.K
左耳 クロスピアス/MONE 右耳 イヤリング/サンポークリエイト（mimi33）
P48：タンクトップ/styling/新宿ルミネ1店（kei shirahata）
肩にかけたカーディガン/SNIDEL ルミネ新宿2店（SNIDEL）
イヤリング/サンポークリエイト（アネモネ） リング/RUIEN
P50：ワンピース/Lily Brown ルミネエスト新宿店（Lily Brown） ピアス/MONE
薬指リング/カドー伊勢丹新宿店（カドー） ピンキーリング/アガット
P52：中に着たキャミソール/Lily Brown ルミネエスト新宿店（Lily Brown）
リング/MONE イヤリング/サンポークリエイト（mimi33）
その他/スタイリスト私物
P101：チュールガウン/アプレドゥマン（マサコ テラニシ）
ブラトップ，ショーツ/スキンアウェア 東京ミッドタウン日比谷（スキンアウェア）
P123：ワンピース/Estella.K ピアス/ノジェス

肌が乾くクセを全部やめてみた。

著 者 野崎萌香

2020年5月20日 初版発行

発行者 横内正昭
編集人 青柳有紀

発行所 株式会社ワニブックス
〒150-8482
東京都渋谷区恵比寿4-4-9えびす大黑ビル
電話 03-5449-2711（代表）
03-5449-2716（編集部）
ワニブックスHP http://www.wani.co.jp/
WANI BOOKOUT http://www.wanibookout.com/

印刷所 凸版印刷株式会社
製本所 ナショナル製本

※本書のメソッドは著者独自のものであり、
効果・効用には個人差があります。
※事故やトラブルに関して本書は責任を負いかねますので、
あくまでも自己責任においてご活用をお願いいたします。
※本書のメソッドを行うことに心配や不安がある場合は、
専門家や専門医にご相談のうえお試しください。

ISBN 978-4-8470-9912-0